# HABLAN DE NADIA BOLZ-WEBER Y "DESVERGONZADA"

"*Desvergonzada* es un triunfo. Nadia Bolz-Weber regresa a los lectores el regalo que la religión tóxica y la cultura del consumismo les robaron: el regalo de la sexualidad. Su sabiduría sin paralelos, su vulnerabilidad conmovedora, su narración magistral y su perspectiva son tanto antiguas como frescas. *Desvergonzada* le devolverá a los lectores su alegría, relaciones y libertad".

—Glennon Doyle, autora del Bestseller #1 del New York Times *Love Warrior*, fundadora y presidente de Together Rising

"*Desvergonzada* es de los libros que puede cambiar vidas, más importantes que jamás leí. Elaborado con experticia y amorosamente presentado, sirve tanto como bomba y bálsamo —haciendo volar las mentiras que la religión enseña acerca del sexo y sanando tiernamente las heridas que esos mensajes han infligido. Pastoral y profética. *Desvergonzada* entrelaza la historia, la teología, los estudios bíblicos, la narrativa personal y la educación sexual, sin perder nunca de vista su objetivo más importante —honrar la dignidad de los seres humanos reales viviendo vidas reales, desordenadas y hermosas. Es el mejor libro de Nadia Bolz-Weber hasta aquí. Y eso es decir algo".

—Rachel Held Evans, autora de *Searching for Sunday* y *Faith Unraveled* (*Fe en Desenredo*, en español)

"Si la conversación alrededor del sexo en la Iglesia les pareció una habitación pequeña y estrecha, prepárense: Nadia Bolz-Weber está a punto de patear la puerta, empujarlos hacia afuera, y quemar la habitación mientras marchan a tomar aire fresco. Este libro irreverente, atrevido y autentico está profundamente centrado en el amor y en la bondad transformadora de Dios. Si alguna vez hubo un momento para que la Iglesia sea disruptiva con las nociones estropeadas del mundo sobre el sexo, el género, la masculinidad y el poder, con este tipo de reforma desvergonzada, es ahora. Y Nadia es la alborotadora amorosa, esperanzadora, sabia y que no toma prisioneros que estábamos esperando".

—Sarah Bessey, autora de *Jesus Feminist* y *Out of Sorts*

"Nadia tiene una forma asombrosa y llena de fe de decir cosas buenas de una manera difícil y cosas difíciles de una buena manera. Lo hace nuevamente con uno de nuestros temas más hirientes, peligrosos y necesarios: ¡enseñanzas sobre género y sexualidad en el cristianismo! Esto sanará a muchos".

—Fr. Richard Rohr, O.F.M., *Center for Action and Contemplation*, autor de *The Universal Christ* (*El Cristo Universal*, en español)

"Nadia Bolz-Weber regresa con su narrativa vulnerable y que incita a la lectura, esta vez con la vista puesta en la cultura de la pureza. Ella desenreda los marcos problemáticos y tóxicos alrededor de la sexualidad –el peso que muchos de nosotros todavía cargamos al día de hoy – y nos ofrece la libertad que necesitamos para decirle no a la vergüenza. Si conoces la obra de Nadia, sabes que no tiene miedo. En *Desvergonzada*, todos nos beneficiamos de su braveza".

—Austin Channing Brown, autora de *I'm Still Here: Black Dignity in a World Made for Whiteness*

# DESVERGONZADA

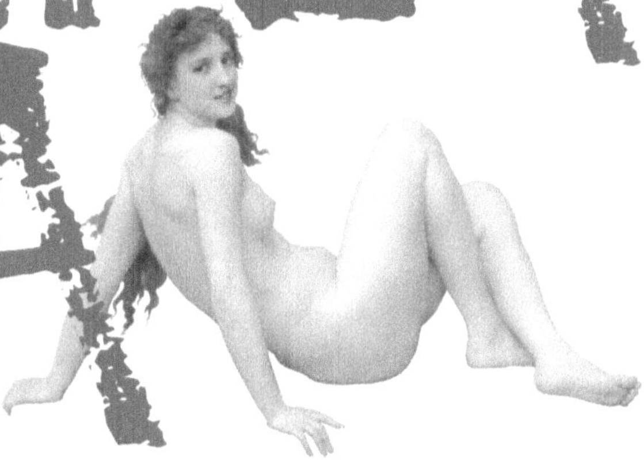

— UNA REFORMA DE LA SEXUALIDAD —

## NADIA BOLZ-WEBER

Copyright © 2019 by Nadia Bolz-Weber.

DESVERGONZADA
Una Reforma de la Sexualidad
de Nadia Bolz-Weber. 2020, JUANUNO1 Ediciones.

*Título de la publicación original: "Shameless"*

This translation published by arrangement with Convergent Books, an imprint of Random House, a division of Penguin Random House LLC. / Esta traducción es publicada por acuerdo con Convergent Books, un sello de Random House, una división de Penguin Random House LLC.

ALL RIGHTS RESERVED. | TODOS LOS DERECHOS RESERVADOS.
Published in the United State by JUANUNO1 Ediciones,
an imprint of the JuanUno1 Publishing House, LLC.
Publicado en los Estados Unidos por JUANUNO1 Ediciones,
un sello editorial de JuanUno1 Publishing House, LLC.
www.juanuno1.com

JUANUNO1 EDICIONES, logos and its open books colophon, are registered trademarks of JuanUno1 Publishing House, LLC. | JUANUNO1 EDICIONES, los logotipos y las terminaciones de los libros, son marcas registradas de JuanUno1 Publishing House, LLC.

Library of Congress Cataloging-in-Publication Data
Name: Bolz-Weber, Nadia, author.
Desvergonzada : una reforma de la sexualidad / Nadia Bolz-Weber
Published: Hialeah : JUANUNO1 Ediciones, 2020
Identifiers: LCCN 2019957592
LC record available at https://lccn.loc.gov/2019957592

REL105000 RELIGION / Sexuality & Gender Studies
REL012120 RELIGION / Christian Living / Spiritual Growth
REL102000 RELIGION / Theology

Paperback ISBN 978-1-951539-20-7
Ebook ISBN 978-1-951539-21-4

*Los detalles de algunas anécdotas han sido modificados para proteger la identidad de las personas.*

Todos los versículos bíblicos que aparecen como destacados o apartados en este libro corresponden a Santa Biblia, NUEVA VERSIÓN INTERNACIONAL® NVI® © 1999, 2015 por Biblica, Inc.®, respetando los términos de uso expresados en su página web biblica.com/terms-of-use/ consultado en Enero 2020.

Créditos Foto de Nadia Bolz-Weber utilizada en esta edición:
© MAKERS

Traducción: Alvin Góngora
Editor: Tomás Jara
Diagramación interior: María Gabriela Centurión
Portada: ZONA21.net
Director de Publicaciones: Hernán Dalbes

First Edition | Primera Edición
Hialeah, FL. USA.
-2020-

PARA E. B.

# CONTENIDOS

Nota a los lectores     11

Invocación     13
**1** Sanctus     27

## CREACIÓN I: LA PRIMERA BENDICIÓN     41

**2** Oso de peluche     45
*"¿Qué tan femenina soy?"*
*Encuesta del libro de ejercicios Encanto Cristiano*     61

**3** Esta mierda es gratis     63
*Hooked on Colfax*     76

**4** Hélice de doble cadena     79
*La Biblia de Cindy*     91

## CREACIÓN II: PERTENECÍAN EL UNO AL OTRO     93

**5** Santa Resistencia     95
*Denver vs. Nashville*     111

**6** La silla mecedora     115
*Cómo fue que el aborto pasó a la agenda política evangélica:*
*Una historia*     131
**7** La chimenea     135

**CREACIÓN III: ¿QUIÉN TE DIJO QUE ESTABAS DESNUDO?**     147

  **8** Siento el olor a dulce y caramelo     151

**CREACIÓN IV: PALABRA HECHA CARNE**     165

  **9** Agitación terminal     167
    *Y en el último día (de terapia reparadora):*
    *Un poema de Pádraig Ó Tuama*     176

  **10** También hay magia     179
  **11** Hola, mi nombre es...     191
  **12** Bendición     201

    Agradecimientos     215
    Recursos     217
    Sobre la Autora     219

# NOTA A LOS LECTORES

Las historias de este libro provienen de mi propia vida y son ciertas en la medida en que las recuerdo. Como suele suceder con toda recuperación del pasado, la manera en que yo recuerdo y narro la historia, junto con la manera en que mis feligreses recuerdan y narran las suyas, pueden diferir en cómo otras personas puedan recordar esos mismos eventos. En algunos casos, los detalles de identificación pueden haber cambiado para proteger la identidad de otros. Hay instancias en las que he condensado el tiempo para facilitar la fluidez del relato. Las historias de mis feligreses se cuentan aquí con su permiso.

Quiero también decirles que las historias de abuso y asalto sexuales aparecieron con una regularidad perturbadora en mis entrevistas. No estoy equipada para abordar ese daño particular en este libro. Aunque tampoco podía dejar de mencionarlo.

Al final del libro hay una lista breve de libros, currículos y educadores que les pueden permitir hablar acerca de sus propias historias y escuchar las de los demás. Me aterroricé cuando empezamos a hablar de sexo y espiritualidad en la iglesia. Pero fue maravilloso. Háganlo.

# INVOCACIÓN

La gracia de nuestro Señor Jesucristo, el amor de Dios y la comunión del Espíritu Santo sean con todos ustedes.

*Y también contigo.*

La semana que Prince murió yo iba rumbo a Charlotte, Carolina del Norte, como conferencista invitada a un grupo de metodistas. Esa misma semana, el órgano legislativo estatal de aquella ciudad había aprobado lo que se dio en llamar el proyecto de ley de uso del baño, que establece que las personas deben usar el baño que corresponde al género tal cual aparece en su licencia de conducir. Mientras metía mi equipaje de mano debajo del asiento frente a mí, pensé en esa odiosa ley y en el pequeño plan que me había inventado para protestar. Mi bolso contenía un rollo de cinta adhesiva y media docena de hojas de papel que ya había marcado con un enorme estampado color púrpura el símbolo andrógino del nombre de Prince.

El avión despegó y miré por la ventana. Volábamos sobre las llanuras secas del oriente de Colorado, a treinta mil pies de altura sobre una matriz de puntos de círculos verdes y marrones que revelaban la geometría de la agricultura industrial. Como chica de ciudad que no sabe nada de agricultura, siempre me han desconcertado esos círculos verdes. ¿Cómo se les ocurría a los agricultores plantar sus cultivos en círculos precisamente en lotes cuadrados?

Cuando lo averigüé más tarde supe que en 1940, a poco más de cuarenta y seis kilómetros del lugar donde mi avión se abría camino hacia el nítido cielo de Colorado, un hombre llamado Frank Zybach inventó el sistema de riego de pivote central, revolucionando así la agricultura en Estados Unidos. En su sistema, el equipo de riego gira sobre un pivote que permite que los aspersores rieguen los cultivos en un patrón circular. Los cultivos no se plantan en círculos; simplemente se riegan de esa manera. El agua nunca alcanza las esquinas.

Cuando llegué al aeropuerto de Charlotte, me ocupé en mi proyecto de pegar los símbolos color púrpura de Prince sobre los letreros del baño que decían "Hombres" y "Mujeres". Luego me fui para la iglesia.

El día después de mi regreso a casa, estaba ahí sentada en el borde de la plataforma en *La Casa para Todos los Santos y Todos los Pecadores* (en lo sucesivo, *La Casa*), la iglesia de Denver que pastoreo. Mi feligresa Meghan y yo nos distraíamos viendo el transcurso de la comida comunitaria mensual de la iglesia. Grupos de personas dispares de diferentes edades y orientaciones sexuales y de género estaban sentadas en doce mesas circulares a lo largo del salón, comiendo fríjoles con chile en tazones de espuma de poliestireno.

Meghan, una enorme mujer trans con cabello largo y delgado y una cara y una figura que, ella admite, no le permiten "pasar", ya tiene suficiente ansiedad social como para sentarse en una mesa comunitaria. Es un *no* desde el comienzo. Generalmente busca su propio lugar en el borde de la plataforma. Algunos domingos, en lugar de unirme a la refriega, paso el tiempo con ella hablando de cómics.

Ese día, mientras nuestras piernas colgaban del escenario, mencioné algo que había estado pensando últimamente: "Meghan, esta mañana leí mi viejo libro de educación sexual cristiana por primera vez en unos cuarenta años". Ella se rió y yo seguí. "Me mostró que el plan de Dios es que todos sean cristianos heterosexuales y cisgénero, que nunca tengan relaciones sexuales con nadie hasta que se casen con su único amor verdadero, y que tengan bebés".[1]

Las dos nos reímos. Entonces sacudí la cabeza. "Lo que quiero decir es que creo que todavía hay ese tipo de personas por ahí...".

Meghan levantó la mano y tocó con el pulgar el resto de sus dedos de uñas pintadas en esmalte color morado. "Claro que las hay. Y así de pequeño es ese círculo".

Si fueras a dibujar un círculo que representara a todas las personas en el planeta y luego, dentro de él, otro pequeño para representar a las personas que viven de acuerdo con el "plan de Dios", entonces muy pocas personas en el planeta encajarían en ese círculo. Meghan no encaja en ese círculo. Yo no encajo en ese

---

[1] El término "cisgénero" significa que el sexo biológico que se le asigna a alguien al nacer coincide con su identidad de género.

círculo. Tampoco se incluyen en el círculo personas divorciadas, personas en matrimonios infelices, personas que tienen relaciones sexuales antes del matrimonio, personas que se masturban, asexuales, gays, bisexuales, personas que no son cristianas, personas que no son de género binario...

Si ese es el "plan de Dios", entonces Dios planeó muy mal.

Quizás tú tampoco encajas en ese círculo. Dios nos plantó a muchos de nosotros en las esquinas. Sin embargo, el riego central de las enseñanzas de la iglesia sobre el sexo y la sexualidad tiende a excluirnos. A muchos de nosotros se nos enseñó que si no encajas dentro del círculo de los códigos de comportamiento de la iglesia, Dios no está contento contigo. Así que nos redujimos a una forma que podría encajar en esas enseñanzas, o negamos por completo esas partes de nosotros mismos. Las partes lujuriosas. Las partes coloridas. Las partes homosexuales. Las partes del embarazo no deseado. Las partes insatisfechas.

Pero nuestras expresiones sexuales y de género son tan integrales a quienes somos como nuestras crianzas religiosas. Separar esos aspectos de nosotros mismos —para separar la vida como seres sexuales de una vida con Dios— es truncar nuestra psique, como una progresión musical que nunca llega a una resolución.

En los diez años que llevo como pastora en *La Casa*, he conocido parejas jóvenes ya casadas que hicieron lo que la iglesia les dijo y "esperaron", solo para descubrir que el día de su boda no pudieron encender un interruptor como para que sus cerebros y sus cuerpos de repente pasaran de relacionarse con el sexo como pecaminoso, sucio y peligroso a relacionarse con el sexo como algo alegre, natural y dado por Dios. Conozco a mujeres solteras que no tuvieron relaciones sexuales hasta los cuarenta y ahora no tienen idea de cómo manejar el aspecto emocional de una relación sexual. He sabido de mujeres de edad mediana que admiten que todavía no se dan la libertad de usar un cuello en V porque, cuando eran adolescentes, les dijeron que la modestia femenina era la mejor protección contra los avances sexuales masculinos no deseados. He visto a hombres homosexuales que nunca denunciaron el abuso sexual que experimentaron en la iglesia porque la iglesia les dijo que ser homosexual era un pecado. He escuchado historias de mujeres que sufrieron violación conyugal después de haberse casado a los veinte años (porque si tienes que esperar hasta el matrimonio para tener relaciones sexuales, lo mejor es que apresuras esa mierda), pero recibieron el mensaje de sus iglesias de que, puesto que hay un versículo en la Biblia que dice que las mujeres deben estar sujetas a sus maridos, en realidad eso no fue violación.

No es muy difícil trazar una línea directa entre los mensajes que muchos de nosotros recibimos de la iglesia y el daño que, como resultado, hemos experimentado en nuestros cuerpos y espíritus. Entonces, mi argumento en este libro es el siguiente: no deberíamos ser más leales a una idea, una doctrina o una interpretación de un versículo de la Biblia que a las personas. Si las enseñanzas de la iglesia están dañando los cuerpos y los espíritus de las personas, debemos repensar esas enseñanzas.

Hace quinientos años, Martín Lutero analizó detenidamente el daño en la vida espiritual de sus propios feligreses, específicamente su tormento al tratar de cumplir con las obligaciones sacramentales que la iglesia determinó que apaciguarían a un Dios enojado. Al ver esto, Lutero se atrevió a pensar que el Evangelio, la historia de Dios que viene a la humanidad en Jesús de Nazaret y nos pronuncia palabras de vida, podría liberar a sus feligreses del daño que su propia iglesia les había hecho. Lutero fue menos leal a las enseñanzas de la iglesia que a las personas, y esto ayudó a despertar lo que ahora se conoce como la Reforma Protestante.

Sé que están los que no desean repensar sus ideas sobre ética sexual, género, orientación, sexo extramarital y la bondad inherente del cuerpo humano. Tal vez algunas personas que lean esto observan sus propias vidas y la de sus iglesias y ven solo parejas felices y heterosexuales que disfrutan de un sexo monógamo y que se alegran en la satisfacción de "vivir en el plan especial de Dios para la humanidad". No lo sé. Tal vez. No voy a tu iglesia y no vivo tu vida. Entonces, si las enseñanzas tradicionales de la iglesia sobre el sexo y el cuerpo no han causado daños en la vida de las personas que te rodean, e incluso les han proporcionado un plan para el verdadero florecimiento humano, este libro probablemente no es para ti (Buenas noticias, sin embargo: el mundo editorial cristiano es tu ostra. Allí no faltarán libros que te permitirán mantener e incluso incrementar tus creencias).

Este libro es para todos los demás. Es agua, espero, para los que fueron sembrados en las esquinas. Es para cualquiera que haya tenido que mantener en secreto su vida amorosa. Es para todos aquellos que han sido buenos y han hecho todo lo bueno a los ojos de la iglesia y aun así se las han ingeniado para tener una vida sexual, pero sin los fuegos artificiales y la magia que les prometieron si simplemente "esperaban". Es para los padres del hijo gay, padres que lo aman y lo apoyan porque saben que no es un error ni él es un pecador aberrante, y como resultado de ese apoyo se han convertido en extraños en su propia iglesia. Este libro es para todos los que alguna vez se sintieron avergonzados de su naturaleza sexual debido a lo que alguien les dijo en nombre de Dios. Este libro es para cualquiera que se haya alejado del cristianismo y, sin embargo, todavía esté en lo secreto aferrado a

Jesús (y siempre lo estará). Este libro es para cualquiera que haya transmitido las enseñanzas tradicionales de la iglesia sobre el sexo a sus propios hijos y ahora lo lamenta. Este libro es para el hombre recién divorciado o para la mujer recién divorciada que desea ser un amante atento y cariñoso, pero que se pregunta: *¿Las reglas que aprendí en el grupo juvenil de la iglesia todavía se aplican a mí, ahora?* Este libro es para el joven evangélico que silenciosamente no está de acuerdo con la postura de su iglesia sobre el sexo y la orientación sexual, pero se siente solo en ese silencio. Este libro es para cualquiera que se pregunte, incluso inconscientemente: ¿Se ha obsesionado demasiado la iglesia con esto? ¿Realmente creemos que lo hemos hecho bien?

Creo firmemente que la iglesia, en general, *no* ha acertado en absoluto.

Pero para ser justos, la religión no es la única fuente de mensajes dañinos sobre el sexo y el cuerpo. En la cultura, como en la iglesia, el sexo es un gran problema. La cultura más amplia nos bombardea con su mercantilización del sexo, sus propias ideas degradantes sobre nuestro valor y aceptación social. La cultura diseña su propio círculo pequeño alrededor, por ejemplo, de aquellos cuerpos humanos que merecen ser deseados, aquellos con una simetría particular de cara, longitud de piernas, proporción grasa-músculo, forma de ojos, suavidad de piel, y aquellos que no merecen ser tenidos en cuenta. Nosotros nos evaluamos constantemente para saber qué tan cerca o qué tan lejos estamos de ese ideal. Nos volvemos invisibles cuando nos vemos demasiado viejos, demasiado gordos, muy por debajo del promedio como para caber dentro del pequeño círculo de deseabilidad. Esto, junto con la mentira generalizada de *no tener suficiente* —no tener suficiente sexo, no tener una pareja que sea lo suficientemente sexy, no tener una vida que sea lo suficientemente emocionante— puede opacar nuestra capacidad de apreciar el placer de nuestros cuerpos reales, nuestras relaciones reales, y nuestras vidas reales.

Pero no voy a caer aquí en el pecado de falsa equivalencia. Admitir que tanto la iglesia como nuestra cultura pueden causar daño no es lo mismo que decir que el daño de ambos es equivalente. No lo es. Porque tan dañinos como son los mensajes de la sociedad, nunca dice que estos mensajes son de Dios. Nuestra cultura no me dice que el creador del universo está disgustado por mi celulitis.

Entonces, ¿hacia dónde vamos a partir de aquí?

Me gustaría que, juntos, reconsideremos lo que nos han dicho y lo que hemos internalizado de la iglesia. Consideremos el daño que se ha causado en nombre de Dios, pero no nos contentemos con detenernos allí. Debemos alcanzar una nueva ética sexual cristiana.

Durante casi dos años, entrevisté a muchos de mis feligreses, que se convirtieron en los personajes principales de este libro.[2] Aquí también hay retazos de mi propia vida, relatos de lo que recopilé y leí en libros de educación sexual cristiana, hallazgos de mis exploraciones en algunas madrigueras (el movimiento de la abstención de alcohol en Estados Unidos, el legado de los Padres de la Iglesia, la poco conocida historia de fondo de cómo los evangélicos asumieron el aborto como causa), estudio de pasajes bíblicos y teología cristiana, y relatos de haber agotado a mis amigos tras entablar con ellos un solo tema de conversación por más tiempo del que cualquier persona cuerda debería tolerar. No es que haya escrito este libro; es, antes bien, que este libro me poseyó.

---

2 Las entrevistas que constituyen los estudios de caso para este libro las tuve exclusivamente con la gente de *La Casa*. En tal sentido, los relatos no representan nada más que lo que se me compartió en una congregación en particular. Yo espero que muchas más comunidades, un número mayor que pueda representar una variedad más amplia de experiencias y situaciones locales sostengan conversaciones similares y compartan lo que puedan encontrar.

Mientras avanzas en la lectura, ten en cuenta que lo que te doy son mis ideas mejores y más agonizantes para recalibrar la manera en que pensamos el sexo. Y, en todo esto, espero contribuir al proceso de curación de aquellos de nosotros que hemos sido lastimados por las enseñanzas más amplias de la iglesia o heridos por nuestra propia incapacidad de hablar sobre el sexo. Como individuos y comunidades, seguimos tartamudeando cuando surge el tema, seguimos recibiendo golpes de juicio y vergüenza, seguimos equivocándonos.

Debes saber de antemano que no hay posibilidad de que yo pueda abordar ni dar cuenta en este libro de toda experiencia, variación o perspectiva sexual. Tampoco voy a poder tratar, ni siquiera anticipar, cada objeción que se levante a lo que he escrito. No soy terapeuta sexual ni historiadora ni especialista académica en estudios acerca de la Biblia ni crítica cultural. Lo que soy es una pastora que está preocupada por el daño que veo en la vida de mis feligreses y que también está preocupada por ti. No tengo respuestas, exactamente. No tengo una lista actualizada de buenos ni de malos comportamientos. Este libro no intenta redimir el puñado de versículos bíblicos que han sido armados contra nosotros. No es una teología sistemática del sexo.

He aquí lo que *sí es* este libro. Es una prueba de ADN de nuestro propio daño, pinchando nuestros brazos, extrayendo la sangre y mostrándonos de dónde venimos para que sepamos cómo avanzar hacia algo nuevo. Es una muestra de capas de relatos y voces; perspectivas e historia; y poesía y Escritura. Al igual que un cuerpo humano, es una muestra que tiene curvas.

Alain de Botton, filósofo ateo y autor de *bestsellers*, sostiene que al menos la religión parece entender la importancia y el poder del sexo.[3] Quizás sea así. El sexo es una parte fundamental de nosotros. Cuando se manipula, explota o niega, puede afectarnos de manera devastadora. Es por eso que la religión a menudo ha intentado mitigar el poder del sexo, ya sea a través del celibato forzado, el vestido modesto, los cinturones de castidad, la mutilación genital, las mentiras perniciosas que se les enseñan a los niños sobre los peligros de la masturbación o cualquier otra cosa. Pero lo que me pregunto es esto: si la religión ha sido el lugar en el que el poder del sexo se toma más en serio, ¿no podría convertirse también en el lugar de donde surge una nueva conversación al respecto, uno que no esté afligido por el legalismo y la vergüenza, y que, sin embargo, no ignore la depravación de los seres humanos que favorece alguna idea delirante de que somos capaces de alcanzar una ausencia total de intereses egoístas?

¿Podemos, los que hemos sido criados dentro de una cultura ampliamente cristiana, si es que no fuimos amamantados directamente dentro de la iglesia, ser personas que luchan por el florecimiento sexual de todas las personas? Y si es así, ¿dónde podemos buscar orientación?

Por un lado, podríamos considerar la definición de salud sexual de la Organización Mundial de la Salud:

*Un estado de bienestar físico, emocional, mental y social en relación con la sexualidad; no simplemente la ausencia de enfermedad, disfunción o enfermedad. La salud sexual requiere un enfoque positivo y respetuoso de la sexualidad y las relaciones sexuales, así como la posibilidad de tener experiencias sexuales placenteras y seguras, libres*

---

[3] "La religión es la única que parece tomar el sexo con toda seriedad... Con frecuencia nos mofamos de las religiones porque son pacatas, pero ellas no juzgarían el sexo como algo tan malo de no ser porque entienden que es también algo maravilloso". Alain de Botton, "Twelve Rude Revelations About Sex," *Psychology Today*, 2 de enero de 2013.

*de coerción, discriminación y violencia. Para lograr y mantener la salud sexual, los derechos sexuales de todas las personas deben ser respetados, protegidos y cumplidos.*[4]

En otras palabras, el consentimiento (consentimiento entusiasta, no solo la ausencia de "no") y la mutualidad (disfrute de ambas partes) son lo que, según la OMS, constituyen una ética sexual básica.

Sin embargo, por crítico que sea el valor del consentimiento y de la mutualidad, una ética sexual cristiana debe ofrecer más que eso. Y por contradictorio que parezca, el lugar en el que sugiero que busquemos ayuda es la Biblia. La Biblia es demasiado potente como para dejarla en manos de quienes la usan, incluso sin darse cuenta, para justificar y proteger su propio lugar en el centro del campo de riego. Y a veces el origen del daño puede ser la fuente más poderosa de su curación.

Me valgo en este punto de otra jugada de Martín Lutero. En el *Catecismo Menor,* enseña que los Diez Mandamientos son más que la mera ausencia de mal comportamiento. También se trata de la presencia del bien. Por ejemplo, es posible que pienses que cumplir el Quinto Mandamiento, *No matarás,* es un comodín, algo así como el cuadro central de la tarjeta de bingo, uno que todos podemos marcar de inmediato. Sin embargo, Lutero nos dice que cumplir el Quinto Mandamiento requiere más que no matar personas. Afirma que *no matarás* significa que "debemos amar y temer a Dios, para que no pongamos en peligro ni dañemos la vida de nuestros vecinos, sino que los ayudemos y apoyemos en todas las necesidades de la vida". No les hagas daño y, más bien, sostén a los demás en todas sus necesidades.

---

4 Organización Mundial de la Salud, "Defining Sexual Health", 2006, http://www.who.int/reproductivehealth/topics/sexual_health/sh_definitions/en.

Del mismo modo, en lo que respecta al sexo. Para que ocurra el florecimiento sexual debemos guiarnos por algo más que la ausencia del "no" y la ausencia de daño. Por eso creo que también debemos enriquecer nuestro consentimiento y mutualidad con el dato de la *preocupación*. La preocupación nos acerca al corazón de la propia ética de Jesús: amar a Dios y a nuestro prójimo como a nosotros mismos. Esa preocupación en tanto sentido de responsabilidad requiere que actuemos en nombre de otra persona; reformula la elección de tal manera que elegir —optar por— se sale completamente de nuestro propio interés personal de una manera que el consentimiento y la mutualidad por sí solos no lo hacen.

La preocupación significa tomar nota de cómo nuestro comportamiento sexual nos afecta a nosotros mismos y a los demás. Puede que yo esté disfrutando una relación mutuamente placentera y consensuada con alguien, pero si al mismo tiempo estoy engañando a mi cónyuge, no estoy demostrando preocupación alguna por la persona con la que estoy casada. Si estoy en una crisis y me siento totalmente angustiada, es más probable que consienta en tener relaciones sexuales cuando, de hecho, es lo último que necesito. Si alguien intuye esto y de todos modos se acuesta conmigo, hay consentimiento, pero no hay muestras de cuidado ni preocupación. Una ética sexual que incluye preocupación significa ver a alguien como una persona completa y no solo como un cuerpo dispuesto.

La única forma de mostrar una verdadera preocupación por nosotros mismos y por los demás es ver, prestar atención. Como dijo la filósofa social y mística Simone Weil: "La atención es la forma más rara y pura de generosidad". Vernos a nosotros mismos y a los demás de verdad es lo que les invito a hacer mientras forjamos una nueva ética sexual cristiana que no se base en una lista estandarizada de *no deberías* sino en la preocupación por el florecimiento del otro.

Yo propongo una reforma sexual para aquellos que han sido heridos. También la propongo para quienes han hecho daño, para quienes dudan de mi autoridad y para quienes están seguros de que ya saben todo lo que hay que saber sobre lo que Dios piensa del sexo. Es hora de que agarremos algunos fósforos y saquemos al patio nuestras ideas anticuadas y dañinas sobre el sexo, los cuerpos y el género. Es hora de prestar atención a lo que les está sucediendo a las personas que nos rodean y a nuestros seres queridos, y es hora de que nos preocupemos. Y no sugiero que hagamos algunas enmiendas simples. El vino nuevo en odres viejos no va a funcionar. Estoy diciendo que vamos a quemar todo ese mierdero y empezar de nuevo. Porque ya es hora.

# 1

# SANCTUS

"¿Puedes orar por mí?".

El mensaje de texto, con un *emoji* de cara con lágrimas, brilló en mi teléfono cuando subí al auto para dirigirme al lugar donde, en una hora, tenía que predicar. Llamé a Cecilia, que era parte de mi congregación, sabiendo que lo más probable era que ella estuviera llorando, dada la urgencia del texto. Cuando ya estaba en la autopista esquivando a los conductores lentos tan frecuentes ahora en Denver desde que legalizamos la marihuana, me contó, no por primera vez, lo triste que se sentía tras haber roto con James, su primer amante. Ella tenía treinta y un años. Estaba devastada.

Cecilia es una de las docenas de jóvenes en mi congregación, y de millones de personas en todo el mundo, que se criaron en el "movimiento evangélico de pureza sexual". Se le enseñó a "esperar hasta el matrimonio" y le dijeron que, si quería vivir una vida agradable a Dios, ella tenía que conservarse en pureza para su futuro esposo. Al igual que muchas otras mujeres jóvenes (pero no hombres jóvenes, porque, por alguna razón, a ellos no se les demandaba lo mismo), tiene el "anillo de pureza" para demostrarlo, un anillo que usó en su adolescencia y a lo largo de su segunda década de vida como una señal de su compromiso con la santidad.

Alentar a los jóvenes a no tener relaciones sexuales hasta que se casen no es nada nuevo, pero en 1997, Joshua Harris, de veintiún años de edad, hijo de un predicador, se despidió de la escena romántica escribiendo un libro titulado *I Kissed Dating Goodbye*, en el que sostuvo que no bastaba con tan solo evitar que antes del matrimonio todo llegara hasta sus límites últimos. La *verdadera* pureza, postuló Harris, exige que te abstengas de besar a alguien hasta que beses a tu cónyuge en el altar el día de tu boda.[1]

Pero para Cecilia, así como para tantas chicas, ese cónyuge nunca se materializó. Y cuando tenía veintinueve años y había dejado atrás el cristianismo conservador y se había involucrado con su primer amante; ella no se sentía en casa en ese terreno. No sabía cómo manejar el placer, la pasión y la conexión, ni sabía de los químicos asombrosos que bañan el cerebro cuando tanta piel y tanta alma se exponen a la piel y el alma del otro. Asumió que estaba enamorada y que eso duraría para siempre, pero James le fue infiel y la relación terminó.

Cecilia quiso perdonarlo, pero ese no era el primer problema en su relación. Fue muy difícil para ella no alterarse

---

[1] Harris reconoce ahora que algunas de sus ideas estaban equivocadas, y actualmente se encuentra en una gira de disculpas. Ver su sitio web, www.joshharris.com.

cuando su novio le contó por primera vez de su pasado sexual. Cuando él la engañó solo contribuyó a que se sintiera aún más insegura.

"Nadia, es estúpido, lo sé, pero, sinceramente, se sentía como si él fuera el experto y yo la aprendiz", me dijo a través de sus últimas lágrimas. "Aunque trató de convencerme de lo contrario, me sentí tan inexperta".

Pensé "te robaron". La iglesia la privó de más de una década de su desarrollo sexual. Todo este tiempo, ella pudo haber estado ganando el tipo de sabiduría que proviene de tomar sus propias decisiones, de tener amantes, de cometer errores, de enamorarse.

Mi teléfono me permitía escuchar sus inhalaciones y exhalaciones profundas antes de que ella continuara. "Mi novio me dijo que yo podría superar este dolor simplemente yéndome a la cama con otros chicos, y eso fue lo que hice. Pero anoche me acosté con alguien al azar y fue horrible y ahora me siento como una mierda, aunque no creo que sea *moralmente* incorrecto".

Tomé la rampa para salir de la autopista I-70 y le dije a Cecilia que estaba de acuerdo. En esa coyuntura, el sexo casual probablemente no era su camino hacia la sanación. "Estás exponiendo tanto de ti misma a la superficie en estos encuentros", le dije, "que tal vez eso significa que hay más de ti que pueda aún ser lastimado. Ahora lo sabes", dije con el corazón en dolor por Cecilia. "No hay nada de malo en eso".

"Estoy tan enojada que no me hubieran dicho nada de eso antes", dijo, con una mezcla de sentimientos de traición e incluso rabia en su voz. "Estoy muy enojada".

Yo también lo estaba. Pero le dije lo que siempre me ronda la cabeza con respecto a lo que la iglesia ha enseñado sobre el sexo: que enojarse es comprensible y necesario, pero la utilidad de la rabia es limitada. Esta era su historia. Era *suya*. Ella podía reclamarla para sí y luego avanzar en lugar de quedarse atascada en esa historia. Es posible que no haya podido elegir qué le sucedió, pero podía elegir lo que iría a *significar*.

"Gracias. Te voy a echar mano en la iglesia mañana. ¿Quizás puedas orar por mí?", dijo antes de colgar.

Al día siguiente, domingo, estuve con la congregación mientras mi colega Reagan presidía la mesa de comunión. En mis manos podía oler la mirra picante con la que acababa de hacer una señal de la cruz en la frente de Cecilia, un momento sensual cuando mi pulgar trazó el símbolo sobre ella y la fragancia del aceite llenó el espacio a nuestro alrededor. La tomé de las manos y sus lágrimas la bañaron mientras rezaba para que Dios la guiara y le trajera sabiduría e integrara todas las partes de sí misma —mental, espiritual, sexual, física— para que se sintiera completa. Después de todo, la palabra griega para salvación es *sozo*, que significa "sanar, traer integridad, preservar". Esto es lo que Dios hace. Dios sana partes fracturadas de nosotros mismos y las recompone de nuevo en su totalidad.

Momentos después de ungir a Cecilia, miré a Reagan, con sus brillantes ojos azules, pecho fornido, barba recortada. Estaba detrás de la mesa donde doscientos de nosotros nos habíamos reunido para proclamar nuestra fe a través del pan, el vino y las canciones. Alzó sus manos, cantando:

*Nos unimos a los santos y a los ángeles*

*en el coro de alabanza*

*que resuena por la eternidad*

*levantando nuestras voces para magnificarte mientras*

*cantamos...*

Y la voz de Reagan se convirtió en muchas cuando la canción entonada en armonía a cuatro voces por las personas allí reunidas se precipitó en el espacio que su voz solitaria nunca hubiera podido llenar. No puedes cantar en armonía tú solo. La armonía es un sonido de unidad en la diferencia, el sonido de una cosa que solo es posible cuando las personas que difieren entre sí se unen. *E pluribus unum.*

*Santo, Santo, Santo, Señor*

*Dios de gloria y majestad,*

*El cielo y la tierra están llenos de tu gloria.*

*Hosanna en las alturas.*[2]

El aroma de la mirra en mis manos ahora se mezclaba con el incienso que ardía en el altar (incienso que se elevaba hacia Dios como una oración) y me preguntaba sobre esta santidad de la que cantamos y que la iglesia ha equiparado a la pureza sexual y de otro tipo. No dudo que la razón principal por la que la iglesia se obsesiona con la "pureza" sexual es, en esencia, noble: queremos ser santos, experimentar la santidad. Pero, ¿qué es la santidad?

La santidad es la unión que experimentamos unos con otros y con Dios. La santidad es cuando más que uno se convierte

---

2 *Deutsche Messe*, de Franz Schubert.

en uno, cuando lo que se fractura se repara. Cantar en armonía. Amamantar a un bebé. Negociar colectivamente nuestros derechos. Bailar. Confesarle a alguien nuestro dolor y escucharlo decir: "A mí también me sucede". La santidad ocurre cuando estamos integrados como seres físicos, espirituales, sexuales, emocionales y políticos. La santidad es la canción que siempre se ha cantado, tal vez el sonido que se oyó por primera vez cuando Dios dijo: "Sea la luz".

Fue santidad mi oración por Cecilia. Pero la santidad no es algo que ganamos, creamos ni aquello en lo cual nos esforzamos en convertirnos. No se trata de superación personal. Es tan solo algo con lo que nos topamos por casualidad, algo que nos sacude y nos arrastra hacia nosotros mismos y nos arroja hacia fuera de nosotros mismos al mismo tiempo. La santidad ocurre en esos momentos cuando estamos felizmente libres de nuestro ego y, sin embargo, estamos totalmente conectados con nosotros mismos y con algo más. Es el olor de la cabeza de un recién nacido y el agotamiento de una madre trabajadora. El momento durante una celebración cuando estás compartiendo un pastel con tus seres queridos, y das el primer mordisco y cada sensor de placer está disparando *santo, santo, santo*. La santidad es lo que nunca vi venir y que me recupera el aliento porque sé que lo sagrado ha interrumpido mi aislamiento.

Insisto en esto: cuando dos personas que se aman, dos portadoras de la imagen de Dios, se unifican en un abrazo erótico, hay un espacio para lo sagrado. Lo que estaba separado se ha unido. Dos espíritus, dos cuerpos, dos historias están tan cerca que son algo. No pueden estar más solos. Hay unidad.

En el otoño, cuando comencé a pensar realmente en todos estos temas relacionados con el sexo y la iglesia, llamé a un amigo cercano. Él no es cristiano, pero le pregunté con una urgencia injustificada: "¿Por qué crees que la iglesia ha tratado de controlar tanto la sexualidad humana a lo largo de los siglos?".

Él respondió: "Creo que siempre asumí que la iglesia ve al sexo como su competencia, su rival".

En el momento en que lo dijo, supe que al menos eso era parcialmente cierto. El sexo compite con la iglesia. El sexo, como la religión, puede aliviar el dolor de la separación. Puede calmar el dolor de no ser visto. Puede domar el miedo a la insignificancia. Puede eludir la experiencia lacerante de sentirse incompleto.

Ya sea que nos demos cuenta o no, a menudo encontramos formas de aliviar los sentimientos de soledad existencial a través de la búsqueda de la unidad. Llenamos nuestras vidas con cosas que nos distraen del sonido de nuestro aislamiento más profundo que golpea la ventana. Comida, entretenimiento, éxito, sexo, relaciones, ocupaciones, chismes: hay muchas maneras de desviar nuestra atención de la soledad inevitable y aterradora de la existencia humana.

Pero existe una diferencia entre *distraerse* y *aliviarse*. Los momentos de unidad, la santidad, en realidad alivian el aislamiento, que no es lo mismo que nos distraigan de nuestro aislamiento. Del mismo modo, fumar y beber café distraen la sensación de hambre, pero consumir alimentos la alivia. Temporalmente, por supuesto. Pero eso es lo que significa ser humano.

En la religión, específicamente, buscamos el alivio de esta soledad existencial a través de la unión con Dios y la unión con otros que buscan lo mismo. Oramos por las preocupaciones de los demás. Nos acercamos a la mesa del pan y el vino. Nos unimos a los santos y a los ángeles que cantan el coro de alabanzas que resuena en la eternidad: *santo, santo, santo*.

Reagan una vez me dijo que siempre levanta los ojos al cielo mientras canta el *santo, santo, santo*. Es una forma de reconocer que su voz es una de las millones que se han unido, se unen y siempre se unirán a los cielos para cantarle a Dios. Le recuerda que es una criatura dotada de una vida y un alma a través del aliento de Dios, el aliento que usa para cantar con los ángeles y con todos los fieles. Los límites del ser suyo, que así se separa, son por el momento vencidos, subsumidos en una canción eterna. Eso es santidad.

Conectarse con lo sagrado es acceder a la parte más profunda y jugosa de nuestro espíritu. Quizás es por eso que establecemos tantos límites, protecciones y reglas en torno al sexo y la religión. Ambas actividades sacan a la luz una superficie tan grande del yo, que luego puede ser lastimada o curada. Pero cuando los límites, las protecciones y las reglas se vuelven más importantes que lo sagrado que pretenden proteger, se producen bajas en la lucha.

No importa cuánto nos esforcemos por la pureza en nuestras mentes, cuerpos, espíritus o ideologías, la pureza no es lo mismo que la santidad. Es más fácil definir qué es puro que precisar qué es santo, así que jugamos a que son intercambiables.

A finales del siglo XVIII, se fundó el movimiento de templanza para combatir un grave problema social: el consumo excesivo de alcohol. La revolución industrial y un rápido aumento de la migración llevaron a que más y más personas vivieran en entornos urbanos abarrotados, lo que trajo consigo una alienación repentina de muchas estructuras sociales establecidas. Este cambio (junto con un exceso de melaza recién importada, que permitió que los nuevos tipos de alcohol duro se volvieran más fácilmente accesibles) provocó un aumento de la embriaguez, especialmente entre los hombres. Beber en exceso estaba creando estragos en el hogar y en los lugares de trabajo. La violencia doméstica y el ausentismo laboral estaban acabando con la salud y la seguridad de la vida de muchas personas. Entonces, algunas esposas, madres y ministros preocupados comenzaron un movimiento para alentar la moderación del consumo de alcohol. Había una grieta que debía atenderse.[3]

Pero sucedió algo que suele suceder en todos los movimientos en algún punto de sus historias: una división entre moderados y extremistas. Para los extremistas, moderar el consumo de alcohol no iba lo suficientemente lejos: la templanza no era suficientemente pura, ya que no trataba el mal del alcohol como radicalmente malo. Así fue como el movimiento de abstinencia hizo su entrada en el escenario del drama moral estadounidense, alegando que el alcohol en cualquier cantidad es malo y que debe evitarse por el bien del bienestar individual y social.

Yo crecí en una tradición religiosa que evitaba todo consumo de alcohol. Realizaban una práctica conocida como "*tetotal*", que siempre creí que significaba que el *té* era la *totalidad* de lo que se nos permitía beber. Pero, en realidad, el término provino de las manifestaciones que los puristas de la prohibición organizaban en oposición a sus contrapartes moralmente blandas en el movimiento de la templanza. Erigían grandes carteles de lienzo con una *T* mayúscula para "abstinencia total" que colgaban sobre el escenario en sus manifestaciones y así daban a conocer las creencias de los puristas. Entonces, fue un grito de batalla moral —y no el consumo de Earl Gray— el origen del término

---

3 Según la serie documental de PBS, *Prohibition*, de Ken Burns y Lynn Novick, http://www.pbs.org/kenburns/prohibition.

"*tetolizador*". Sin embargo, lo que me interesa es cómo el instinto puritano que tantos humanos tienen y que dice "eso no es lo suficientemente radical" aparece en movimientos y religiones de toda clase.

Por supuesto, hay momentos en los que tomar el camino del centro es una medida algo tonta (digo esto como alguien que luchó contra el alcoholismo y ahora tiene veintiséis años de completa sobriedad; la tercera vía no está disponible para mí, y lo sé). Pero me pregunto cuán diferente habría sido la historia de nuestro país si se le hubiera permitido afianzarse a la templanza en lugar de la abstinencia. Nunca lo sabremos, porque en un corto período de tiempo, la retórica "la moderación no nos lleva muy lejos" de los abstemios *tetolizadores* inflamó la pasión de la gente al punto que dejó su marca profunda en el curso de las leyes y la historia de nuestra nación. Por cierto, el movimiento de abstinencia fue liderado por bautistas y metodistas, quienes habrían considerado al mismo Jesús, con todo el vino que él bebía, demasiado impuro para su movimiento cristiano. Convencieron a todos los principales grupos protestantes de Estados Unidos para que estamparan su firma de aprobación al movimiento de prohibición más-puro-que-la-templanza (bueno, todos los protestantes excepto los luteranos, que no estaban dispuestos a separarse de su cerveza y los episcopales, que no podían concebir la vida sin jerez).

Un deseo genuino de vivir vidas santas agradables a Dios animó el fuego de la religiosidad del movimiento de prohibición. Pero la pureza es más fácil de regular que la santidad.

Reglamentar, eso fue lo que hicieron. No fue suficiente con que iglesias, individuos y organizaciones cívicas firmaran la abstinencia del alcohol. Finalmente, el empuje alcanzó a las instituciones educativas. El movimiento de prohibición aseguró que los libros de texto *tetotalizadores* llegaran a las escuelas primarias de todo el país. Muchos escolares estadounidenses iban a clases de abstinencia varias veces a la semana, donde los instructores les advertían que incluso un trago de alcohol podría quemar la garganta y arruinar el revestimiento del estómago. Decían que el alcohol causaba sordera y locura en los hijos de los bebedores e incluso en sus nietos. Se sabía que beber llevaba a que se produjera una combustión espontánea.

Es extraño pensar qué tan lejos llegó la prohibición —o tal vez no—, dado que pronto se usaría un alarmismo similar para atacar al sexo (por ejemplo, incluso besar a tu novia lleva al sexo, y el sexo fuera del matrimonio lleva a la enfermedad y la muerte, por lo que es mejor que le des el beso de despedida a la idea del noviazgo). Pero fue tan fuerte el chivo expiatorio del alcohol por cada error, injusticia y problema en la sociedad que la multitud "eso no es suficientemente radical", más bien pensó: "lograr que (casi) todas las denominaciones se inscribieran no nos está llevando lo suficientemente lejos, y solo lograr que nuestros valores se promuevan en las escuelas y asustar a los niños no es ir lo suficientemente lejos... ¡A la mierda, *modifiquemos la Constitución de los Estados Unidos!*".

¡Y enmendaron la Constitución de los Estados Unidos!

Pero aquí está el problema con la abstinencia Nivel $T$ Mayúscula: cuando nuestro país hizo que beber alcohol fuera ilegal e infundió temor en los niños sobre los males del alcohol, se llegó no a un aumento de la santidad sino a una cultura del secreto, de la hipocresía y de la doble moral. Estoy bastante segura de que el aumento del crimen organizado y la actividad del mercado negro en Estados Unidos durante la prohibición no hubieran sucedido si no hubiéramos insistido en una idea uniforme de pureza para todo el país.

Todos queremos sentirnos seguros y ser saludables. Pero las comidas rápidas en Estados Unidos le hacen más daño a la salud de nuestra gente que casi ninguna otra cosa, y ¡Dios mío! yo no voy a pedir que enmendemos la Constitución solo para prohibir las *nuggets* de pollo. Imagínate no más qué tipo de mercado negro surgiría si hiciéramos ilegal la comida chatarra.

El deseo de vivir una vida santa agradable a Dios es comprensible, pero ese deseo también está lleno de trampas.

Nuestros sistemas de pureza, incluso aquellos establecidos con las mejores intenciones, no nos hacen santos.[4] Solo crean reglas que indican qué personas pueden estar adentro y cuáles deben permanecer afuera. Son mecanismos que nos traen a domicilio nuestra droga de elección: la justicia propia, ya que el jugo del fruto del árbol del conocimiento del bien y del mal nos baja por la barbilla. Y estos sistemas de pureza afectan mucho más que nuestra relación con el sexo y la bebida: se muestran en la ideología política, en la forma en que las personas ridiculizan a otras en las redes sociales, en la forma en que nos obsesionamos con "comer sano". La pureza a menudo conduce al orgullo o a la desesperación, no a la santidad. Porque la santidad se trata de la *unión*, y la pureza se trata de la *separación*.

Jesús parecía querer conectarse con quienes lo rodeaban, no separarse de ellos. Él tocaba cuerpos humanos considerados impuros como si fueran santos: niñas muertas, leprosos, mujeres que menstruaban. La gente de su época estaba disgustada de que los discípulos de Jesús comieran con las manos sin lavar, y trataron de avergonzarlo por eso. Pero él respondió: "No es lo que entra

---

[4] El término "sistemas de pureza" se refiere a las formas en que los cristianos a menudo buscan la santidad a través del moralismo y de ninguna manera se refiere a otras religiones y sus prácticas.

en la boca lo que lo hace inmundo, sino lo que sale de él lo que contamina". Jesús era leal a la ley, pero no a expensas de la gente.

Jesús siguió violando los límites de la decencia para llegar a las personas que estaban al otro lado de ese límite, a los que habían sido heridos por esa separación, a los que estaban separados de los demás: los que habían perdido sus madres, las trabajadoras sexuales, las víctimas y los victimarios. Se preocupaba por la verdadera santidad, por la conexión de las cosas humanas y divinas, por la unidad de los pecadores, por la unión de lo que antes había sido apartado.

Cuando pienso en la santidad —la que es sensual, encarnada y libre de vergüenza y profundamente presente en el momento, y que proviene de la unión con Dios—, pienso en una escena particular en los Evangelios cuando, justo en medio de una cena, una mujer rompe un frasco de mirra y lo vierte sobre los pies de Jesús. Luego, toma su cabello suelto y enjuaga sus pies, mezclando su melena, sus lágrimas y su ofrenda en los pies de Dios. Su separación —de sí misma y de su Dios— se alivia en ese momento. La santidad trenzó los hilos de su ser en su configuración integrada original y divina.

Y los que estaban en el comedor con la mujer y Jesús hicieron lo que los humanos hacemos con demasiada frecuencia. Le dieron la espalda a la santidad e intimidad de lo que estaban presenciando, y en su lugar acusaron a Jesús de impureza.

Pensé en esa mujer cuando ungí a Cecilia esa noche en la iglesia. Pensé en la sensualidad transgresora de una mujer que rompe un frasco de perfume costoso, pensé en el aroma de la mirra que debió haber inundado ese comedor mientras sus lágrimas caían a los pies del salvador del mundo entero.

*Santo, Santo, Santo, Señor*

*Dios de gloria y majestad,*

*El cielo y la tierra están llenos de tu gloria.*

*Hosanna en las alturas.*

CREACIÓN I

# LA PRIMERA BENDICIÓN

**EN NUESTRO PRINCIPIO**, Dios tal vez estaba aburrido y un poco solo, entonces creó un universo terriblemente vasto, que incluía la tierra. La tierra, nuestro punto de vida, era solo vacío, y esa vasta nada era supremamente oscura. Antes de la creación, todo lo que había era Dios, así que para hacer realidad el mundo, tuvo que hacerse levemente a un lado. Para crear el mundo, eligió ocupar menos espacio (ya sabes, para hacer más lugar).

Así que, antes de que Dios hablara y de esa manera hiciera que el mundo saliera a la luz, se arrinconó. Dios quiso compartir. Como la mujer de cara amable en el metro que toma su bolso de mano y lo pone en su regazo para que tú puedas sentarte a su lado. No tiene que hacerlo, pero ella es así: la naturaleza amable de la dama del metro consiste en ser de las que crea espacio para los demás.

Y la dama de cara amable del metro pudo haber hecho este universo de la manera que se le antojara. Pudo haberle dado vida a un universo completamente formado, pero resulta que es una jardinera por naturaleza, por lo cual gestó el universo a partir de una semilla, a sabiendas que iba a ser un proceso. Y las primeras semillas llegaron en forma de tres palabras pronunciadas por la boca de Dios.

Sea la luz.

Las palabras de Dios hacen lo que dicen. Entonces, del aliento de Dios, el mundo surgió. ¡*Bang*! Océanos, tierra, cielos, sol, luna, estrellas, plantas y cosas llamadas monstruos marinos. [1]

Todo eso tomó algo de tiempo. Fue un proceso; un proceso extrañamente colectivo. En lugar de que hacerlo solo, Dios compartió el trabajo con la creación misma. Llamó a la tierra para que produjera vegetación y a los mares para que produjeran monstruos marinos. Estaba obsesionado con la idea de las semillas e hizo un sistema autosostenible dentro de la vida que estaba creando. Como muñecas rusas de la vida: dentro de la vida hace más vida.

Luego, Dios tuvo una explosión absoluta de creatividad e hizo a los animales. Amibas. Pollos. Grillos. Orangutanes .Y Dios los bendijo y les dijo "Fructifíquense y multiplíquense".

La primera bendición fue el sexo.

Luego, Dios dijo: "Creemos humanos a nuestra propia imagen y semejanza".

Espera, espera... ¿Con quién estaba hablando Dios, exactamente? ¿Con todos los animales? ¿Con Jesús y el Espíritu Santo? ¿Dios estaba hablándole al ser de Dios en primera persona del plural? Es difícil saberlo.

Dios la comunidad, Dios la familia, Dios el grupo de amigos, Dios lo contrario del aislamiento, dijo: "Hagamos esto juntos. Creemos a la humanidad a nuestra imagen y semejanza. Que seamos nosotros y ellos un solo ser".

Dios masculino y femenino los creó.

---

1 Génesis 1:20

Dios nos creó a cada uno de nosotros a imagen masculina y femenina de Dios. Nos dio algo tan santo que nunca podría ser dañado, nunca se nos quitará: su imagen. Una fuente del código de gracia. Una nunca-soledad. Nuestro origen y destino: Dios.

# 2

# OSO DE PELUCHE

¿No crees que eres [cada una] una Eva? La sentencia de Dios sobre este sexo tuyo vive incluso en nuestros tiempos y por eso es necesario que la culpa también deba seguir viviendo. Tú eres quien le abrió la puerta al diablo, tú quien primero arrancó el fruto del árbol prohibido, tú quien abandonó primero la ley divina; eres quien convenció a quien el diablo no era lo suficientemente fuerte como para atacar. Con qué facilidad destruiste la imagen de Dios. Debido a tu deserción, es decir, la muerte, incluso el Hijo de Dios tuvo que morir.

—Tertuliano (teólogo cristiano del siglo II).
*La indumentaria de las mujeres*

El año en que mi hija Harper cumplió diez años, ella hizo un oso de peluche por algo así como 80 dólares.

A la mañana siguiente, en el desayuno, vi como ella colocaba sobre la barra de la cocina su *Build-A-Bear*[1] azul brillante que inteligentemente había vestido con una camiseta blanca que tenía un corazón de diamantes de imitación. Lo apoyó contra la pared, donde permaneció durante semanas. El oso la acompañó todas las mañanas mientras comía.

No sé qué hay en eso de comer cereal que hace que para Harper sea tan divertido. Pero desde que era pequeña la he visto en la cocina de nuestra pequeña casa de ladrillos —con la luz del sol de Colorado brillando en su rostro de manera desagradable—, mientras se mete los copos de maíz en la boca y observa quién sabe qué, perdida en sus gloriosos pensamientos de niña. Me encanta mirarla.

Cierta mañana, una semana después de que ella había hecho su propio oso de peluche, Harper le dio un mordisco a su cereal y preguntó —mientras masticaba— qué eran esos pequeños bultos en su pecho. Su cuerpo estaba haciendo lo que hacen los cuerpos jóvenes en crecimiento, pero de repente tuve miedo por ella. Tenía diez años y las cosas no siempre van bien para las niñas que se desarrollan temprano. Tener un cuerpo femenino es un riesgo para caminar, y temía por el cuerpo femenino de mi hija con su propio corazón de diamantes de imitación.

El año en que un hombre adulto se masturbaba frente a mí y otras dos chicas en la parte de afuera de una confitería en Colorado Springs fue el mismo año en que un chico me besó por

---

[1] *Build-a-Bear* es una famosa compañía de osos de peluche de Estados Unidos que permite que la gente fabrique su peluche personalizado (nota del editor).

primera vez. Yo tenía doce años.

El pasillo de nuestra iglesia recién construida todavía tenía el olor del pegante de la alfombra. Todavía olía a esperanza. La alfombra tenía solo unos pocos meses cuando estuve sobre ella en 1981, mi espalda contra el Sheetrock gris texturizado, el hijo del pastor presionando su cuerpo contra el mío, el olor de su aliento y el del pasillo mezclándose en mis fosas nasales.

Por primera vez en mi vida sentí la atención de un chico. ¡Un chico! Esa población distante y poderosa. La clase dominante, los eternos alumnos de la clase alta, aquellos para quienes existía todo. Incluso yo.

Ser una joven cristiana a principios de la década de 1980 en Colorado Springs era saber mucho sobre el lugar, el orden, el rango y la importancia. Fuera de la iglesia, la sociedad estadounidense había comenzado a prestarle al menos una atención deferente a la igualdad —¡Incluso permitiendo que las mujeres tuvieran tarjetas de crédito a su nombre!—, pero la comunidad en la que fui criada quería que las mujeres siguieran conservando su lugar apropiado. Afirmaban que la historia del Jardín del Edén —nuestra historia original— así lo exigía.[2] Es difícil llamar a algo una mierda sexista cuando cada figura de autoridad en tu vida te dice que la Biblia afirma que es "la voluntad de Dios".

El mensaje que recibí fue que cuando Eva salió de la costilla de Adán, entró en la vida agradecida de ser una ayuda. Ella solo fue un "nosotros", nunca fue —ni una sola vez— un "yo". Dios se la dio a Adán como una novia por correo. Adán era su propósito.

Y ahora, como una niña delgada de doce años con la

---

2 En mi opinión, la forma en que interpretamos la historia del Jardín del Edén es importante, *Malleus Maleficarum* (Martillo de brujas), un documento del siglo XV, se basa en gran medida en Génesis 3 y le proporcionó a la Inquisición su principal justificación teológica para perseguir a las mujeres como brujas. En las décadas posteriores a su publicación, miles de mujeres fueron ejecutadas.

atención de un *chico*, yo también tenía ya un propósito. Yo era digna. Finalmente iba a ser Eva para un Adán.

Por lo general, me podían encontrar en la iglesia flanqueada por Christie Waters y Charlotte Perkins, dos de las chicas más bonitas de allí, que me mantenían cerca más que todo porque yo era divertida y buena oyente. Christie tenía el pelo rubio perfectamente emplumado y llevaba cuellos de tortuga blancos salpicados de pequeños corazones o estrellas o veleros debajo de sus suéteres de cuello redondo y colores brillantes. Luego estaba Charlotte. Era tan linda y dulce. De piel oliva, corazón tierno y sorprendentemente curvilíneo para una niña de doce años. Por supuesto que yo las envidiaba a las dos.

La llegada tardía de mis propias curvas se hizo aún más angustiante por lo delgada que me había vuelto.[3] Yo no era más que extremidades, huesos y humor mordaz. Mientras Charlotte y Christie capturaban toda la atención, yo me burlaba de los chicos que se las daban. Hasta que un día, en la iglesia, la atención recayó sobre mí.

Una nota de Alan, el hijo mayor del pastor, apareció en mi regazo. Dejé de fingir que le estaba prestando atención al sermón el tiempo suficiente para mirar y asegurarme de que la nota no fuera para Charlotte o Christie. Me señalé a mí misma, dudosa. Él sonrió y asintió.

"Hola" era todo lo que decía la nota.

"Hola", le respondí con cautela.

Durante tres semanas emocionantes, Alan volvió sus

---
[3] Debido a un trastorno autoinmune, la enfermedad de Graves, sobre la que escribí en *Pastrix: The Cranky, Beautiful Faith of a Sinner and Saint* (Nueva York: Jericho Books, 2013).

ojos hacia mí. Me pasaba pequeñas notas dobladas mientras nos sentábamos en el banco acolchado de color beige con los otros niños de la iglesia, tratando de sobrevivir al sermón de cuarenta minutos. Las tarjetas de peticiones de oración (las llamábamos TPO) y los lápices en la parte posterior del banco frente a nosotros eran las únicas cosas a las que se nos permitía acceder en el tiempo del culto, además de nuestras Biblias. Hacíamos dibujos en los TPO, los convertíamos en pequeños aviones, nos pasábamos notas garabateadas. Eran nuestro único recurso, aburridos como el maná, pero aún lo suficiente como para arreglárnoslas.

Me hice muy consciente en dónde se sentaba Alan en la iglesia y cuándo me estaba mirando. Al igual que el fondo de una foto con un solo punto de enfoque, los bordes de todo lo que no era Alan comenzaron a desdibujarse a su alrededor. Una vez, se sentó a mi lado y me acarició el brazo con la mano por un momento durante la oración. Sus dedos lenta y suavemente trazaron mis tríceps flacos estremeciendo mis entrañas como la campana de una iglesia.

Cada vez que me vestía para la iglesia, me preguntaba qué vestido podría gustarle a Alan. Y pensaba en cómo se veía Charlotte con sus vestidos de domingo, y ansiaba una forma más femenina. Nunca antes había pensado en otra persona cuando elegía qué ponerme. Había sido una chica que no estaba molesta por la ropa, pero ahora mi ropa, mi cabello y mi piel tenían un propósito: eran la base sobre la cual me evaluarían como digna de deseo, la moneda principal que las chicas tienen a su disposición. No nos "exaltaban" como lideresas ni se nos alababa por nuestra valentía. Se nos instruía en cómo aprovechar al máximo nuestro atractivo. Eso, y tal vez la amabilidad y la tranquilidad, era lo único que teníamos a nuestro favor.

Ese mismo año, Charlotte, Christie y yo, junto con todas

las otras niñas de doce y trece años, fuimos a la iglesia todos los martes por la noche para la clase de Encanto Cristiano. Durante una hora por semana, las mujeres de la iglesia nos instruían en asuntos importantes como el esmalte de las uñas, cómo pararse, cómo sentarse, cómo hablar, cuándo hablar, qué colores nos quedaban mejor, cómo maquillarnos, etc. Tomaban nuestras medidas antes y después del curso de diez semanas, evaluando el progreso que habíamos logrado en términos de pérdida de peso según una tabla de calorías en nuestro libro de ejercicios *Encanto Cristiano* (impreso de manera ingeniosa frente a la tabla de lectura de la Biblia). "La feminidad", explicaba el libro de ejercicios, era mi "gloria suprema: pureza, corazón limpio, dulzura, espíritu tranquilo, modestia, castidad, una manera recatada".

En la clase de Encanto Cristiano no se permitían blusas con escote. Nada que fuera insinuante. "Los chicos se estimulan visualmente", era el mensaje perenne. "Debes ayudarlos a no ceder ante la lujuria". Al mismo tiempo, nos enseñaron que debíamos hacernos lucir lo más lindas posible. *A los chicos les gusta la belleza. Pero no seas sexy. A menos que estés casada. Entonces puedes ser sexy. Pero solo para tu marido.*

*Y no te olvides cultivar ese espíritu tranquilo.*

Yo recuerdo esas clases con una mezcla de fastidio y ternura. Las mujeres que enseñaban perpetuaban un sistema pernicioso de sumisión femenina y dominación masculina. Y, sin embargo, si todo lo que teníamos las niñas para hacernos valer era esto, tal vez que esas mujeres mayores nos enseñaran cómo aprovechar al máximo nuestra "moneda" era también un asunto de generosidad y protección. Siendo una de las chicas que más ayuda necesitaba —había obtenido el puntaje más bajo en el cuestionario "¿Qué tan femenina soy?" del libro de ejercicios de Encanto

Cristiano—,[4] estaba supremamente agradecida por la orientación. Mis comentarios mordaces sobre los chicos que les brindaban toda su atención a mis amigas más bonitas y curvilíneas eran tan solo una cortina de humo que cubría la envidia desesperada que sentía hacia ellas, porque eran acaudaladas en la "moneda" de ser atractivas. Quería ser considerada tan bonita como ellas, tan digna de deseo. Todavía lo quiero.

Ese verano, Christie, Charlotte y yo fuimos a la confitería del centro comercial en busca de barras de chocolate y *Twizzlers*, pero estaba cerrada. Nos quedamos allí entrecerrando los ojos en el brillante sol de julio, tratando de averiguar dónde quedaba la siguiente confitería más cercana, cuando Christie dijo en voz baja: "Hey, miren..." y nos señaló la esquina del patio.

Al principio no entendía lo que estaba viendo. ¿Por qué diablos habría un hombre de usar un abrigo tan largo con este calor? Y luego vi. Miré a mis amigas. Ellas también vieron. Nos congelamos durante un momento prolongado sin saber qué hacer, antes de correr todo el camino de regreso a mi casa tan rápido como pudimos, sin estar seguras de si el hombre nos seguiría. El sudor y la loción *Love's Baby Soft* me irritaban los ojos mientras mis *Nike* golpeaban el pavimento.

Ese día sentí como si hubiese algo mal en mi cuerpo. Algo como la precaución que sentí en mis entrañas cuando recibí la primera nota de Alan, pero más lleno y más abrasador. Como si un desconocido hubiera escondido algo dentro de mí al mostrarme una parte de su cuerpo que nunca quise ver.

"¿Qué dijiste?", preguntó Barbara, mi hermana mayor,

---

4 Mi libro de historietas favorito, *Bitch Planet*, de Kelly Sue DeConnik, utilizó ese mismo libro de trabajo como material de origen para su Manual de Cumplimiento. Consulte https://imagecomics.com/comics/series/bitch-planet.

cuando más tarde ese día le conté lo que pasó. Nos sentamos en su vieja cama grumosa y traté de parecer mayor de lo que era, para aparentar que no me importaba. Y cuando respondí: "Nada", la cosa atrapada dentro de mí se enterró más profundamente.

...............

"Nos vemos en el pasillo al frente de la clase de 4.º grado después de la oración de clausura", decía la nota final de Alan. Más tarde, de regreso a casa, después de haberme visto con él y luego de que me hubiera presionado contra la pared, todavía podía saborear su sal mi boca.

Cada lugar de nuestra camioneta Chevy estaba ocupado cuando íbamos a casa, lo cual no era inusual. En la iglesia mi madre invitaba a cualquier cadete de la Academia de la Fuerza Aérea que pudiera encontrar a que viniera con nosotros a comer lasaña y a pasar el domingo por la tarde en casa. Mi papá era profesor a en la Academia y mis padres dirigían el ministerio de cadetes en la iglesia La mesa del comedor estaba, con más frecuencia de lo que uno imaginaba, llena de chicos —generalmente varones jóvenes— de la Academia con su limpio corte de cabello y su extrema cortesía.

Ese día en el auto, mi cuerpo larguirucho de doce años estaba encajado entre dos cadetes en el asiento del medio mientras otro conducía. Saboreé a Alan en mi boca y sentí palpablemente mi transgresión secreta. ¿Sabrían los cadetes a mi lado lo que había hecho? No podía pensar nada más que en Alan; cada borde estaba borroso. Un chico había deseado presionar sus labios contra los míos. Lo había hecho. Lo había atraído. Él me había considerado digna.

No le había prestado atención a la conversación de los cadetes, perdida como estaba en el gusto de un muchacho, cuando el sonido del nombre de mi amiga me trajo de repente al presente.

Escuché al conductor comentar casualmente: "Charlotte se ha convertido en todo un éxito... una chica pechugona", y los otros hombres en el auto asintieron, se rieron entre dientes y se lanzaron miradas sospechosas.

"¡Ajá! No es broma", agregó el cadete a mi derecha.

No tengo idea de cómo pudo haber surgido y naturalizarse como un tema aceptable de conversación los senos de otra niña de doce años. Todo lo que sé es que el cuerpo de mi hermosa y prematuramente curvilínea amiga Charlotte estaba siendo considerado, discutido y evaluado por cuatro hombres mientras yo estaba sentada tratando de tener un espíritu recatado y tranquilo, tratando de fingir que no me había dado cuenta o que no me importaba. Pero sí me importaba. Cuando escuché a hombres ya bien crecidos hablar sobre el cuerpo de Charlotte con un tono que difería seriamente de cómo podrían haber discutido el mío, el asco que sentí se mezcló incómodamente con la envidia. Crucé mis brazos sobre mi pecho plano.

Cuando llegamos a casa, subí la media escalera de nuestra casa estilo 1960 de dos niveles hasta mi habitación y vomité en mi cesta *Holly Hobby*, ya levemente oxidada.

Treinta años más tarde, después de que mi hija de diez años preguntara qué eran esos bultos en su pecho, la observé de nuevo mientras se perdía en su aturdimiento de comer cereal en la cocina. Pero, ese día, se detuvo por un momento y se quedó mirando su oso sin parpadear. Luego se levantó, agarró dos notas *post-it* amarillas de la mesa, las enrolló en forma de bolas y las colocó debajo de la camiseta blanca de su oso azul brillante, uno a la derecha y otro a la izquierda, debajo del corazón de diamantes de imitación. Se sentó de nuevo sin decir una palabra y terminó su cereal.

Cuando las niñas se desarrollan, especialmente cuando se desarrollan temprano, empiezan a comerciar en una moneda que probablemente todavía no quieren y que definitivamente aún no entienden. Siguen siendo niñas y, sin embargo, rápidamente y sin culpa se convierten en objetos de inspección y deseo. Lamentablemente, la mayoría de las mujeres que se desarrollaron temprano que conozco fueron llamadas zorras.

Esa mañana en mi cocina, entré en pánico. Tuve miedo de que Harper pronto se uniera a la multitud de mujeres y se convirtiera en un objeto del deseo o del disgusto de otros. No quería que el cuerpo de mi hija fuera llevado al sistema de clasificación de valor. Quería que permaneciera libre en su cuerpo, sin molestias por su atractivo, sin molestarse por el miedo al acoso o al asalto ni por la mirada de los hombres. Quería que se relajara en la dignidad inherente de su cuerpo, que se sintiera cómoda en su cuerpo como don de Dios.

Y así como tuve miedo y esperanzas por ella y la observaba dándole a un oso de peluche unos senos pequeños, mis pensamientos regresaron a mi amiga Charlotte, tal vez por primera vez en treinta años. Tomé mi teléfono, abrí Facebook, ingresé "Charlotte Perkins" en el campo de búsqueda, y supe que había muerto de cáncer de mama a los treinta y ocho años.

Mientras escribo este libro, nuestro país está en medio de una agitación, o lo que yo llamaría el apocalipsis #MeToo.

En griego, la palabra apocalipsis significa "descubrir, quitar la cobertura, mostrar lo que hay debajo". La manera en que algunos hombres comentan, amenazan, se masturban frente a, intimidan y agreden los cuerpos femeninos, por fin sale de la oscura ubicuidad de la experiencia personal de las mujeres y es expuesta a la luz del discurso público. Todos los días las mujeres sufren actos de dominación masculina de innumerables maneras. Cada vez que una mujer se ve obligada a reírse de las bromas sucias hechas por los hombres en su lugar de trabajo o cuando se enfrenta a las repercusiones sociales o profesionales, lo que sucede es un acto de dominación. Cuando un hombre se para erguido sobre una mujer, ocupa su espacio físico y le explica algo que ella ya sabe, le está recordando físicamente cuán fácilmente la domina; es un recordatorio de que ella debe ocupar su lugar. Cuando un hombre acorrala a tres niñas en las afueras de una confitería, abre su abrigo, y se masturba delante de ellas, no se trata tanto de propensión sexual, sino de poder. Lo que hace que el hombre se ponga erecto es su afirmación de dominio.

Nuestra cultura empieza a descascararse en la esquina. Lo que hay ahora es algo de pelo de gato y polvo. No podemos pegar la capa de pintura de nuevo. Pido que agarremos esa esquina que se está descascarando, tiremos del borde y la pelemos toda. Incluso si duele.

Si nos esforzamos por ver profundamente, lo que encontraremos en el centro es herejía. El teólogo del siglo XIX Friedrich Schleiermacher define la *herejía* como "aquello que preserva la *apariencia* de cristianismo y, sin embargo, contradice su *esencia*".[5]

La herejía es esta: con todas las artimañas del cristianismo

---

[5] Y ahí tienes la apariencia del cristianismo (versículos de la Biblia y discursos de Dios) contradiciendo su esencia (ama a Dios y ama a tu prójimo como a ti mismo).

a nuestro favor, aquellos de nosotros que buscamos justificar o mantener nuestro dominio sobre otro grupo de personas hemos utilizado históricamente la Biblia, Génesis en particular, para demostrar que la dominación no es en realidad un abuso de poder, sino que es parte del "plan de Dios".[6]

Génesis es una historia de origen, y cada cultura tiene la suya. Las historias de origen nos cuentan cómo surgió el mundo, de dónde vino y otras cosas importantes como por qué las serpientes no tienen piernas. Podemos pensar que conocemos muy bien la historia de nuestro propio origen, pero el relato del Jardín del Edén en Génesis carece notablemente de varios elementos que la tradición ha insertado. Por ejemplo, en realidad no hay menciones del pecado original ni de "una caída de la gracia" ni de Satanás ni de la tentación. Ni siquiera había una manzana por ahí.

Pero hay una razón por la que pensamos en el pecado original y las manzanas y la tentación y una caída en desgracia cuando pensamos en Génesis. Es porque un tipo llamado Agustín lo interpretó de esa manera.

Agustín fue un obispo y teólogo del norte de África del siglo IV, cuyos escritos han influido profundamente en el pensamiento cristiano hasta nuestros días. El mundo a su alrededor estaba cambiando, y él mismo estaba cambiando, así que, al igual que muchos de nosotros, buscó orientación en las Escrituras. Su propia versión de la historia del Jardín del Edén es así: Dios creó el paraíso para que los humanos vivieran allí, pero Eva lo estropeó todo comiéndose una fruta que Dios le dijo que no podía comer y esto causó una caída de la gracia. Así que ahora toda la humanidad está maldita, y este llamado pecado original de Eva se convirtió en ... no lo sé... una enfermedad de transmisión sexual. Según

---

[6] Otros sistemas de dominación que se han afirmado como el "Plan de Dios" por parte de aquellos que se benefician de ellos incluyen: la esclavitud, la segregación y su contraparte moderna: el encarcelamiento masivo.

Agustín, cada persona nacida después de Eva hereda su pecado original, por lo que es esencial que los hombres deben dominar: controlar a las mujeres para que no jodan a toda la humanidad más de lo que ya lo han hecho.

Al considerar el origen de las creencias de la iglesia sobre el sexo, los cuerpos y el género, es importante saber que la teología e interpretación de las historias bíblicas de Agustín hunden sus raíces en su propia vergüenza. Agustín sintió vergüenza por sus propias inclinaciones sexuales y lamentó su comportamiento licencioso antes de convertirse al cristianismo.[7]

Se dice que la vergüenza de Agustín habría echado raíces cuando, siendo adolescente, tuvo una erección mientras estaba en un baño romano. Vergonzoso, sí. Pero estaba tan consumido por la lástima de no poder controlar sus erecciones que pasó una década escribiendo un tratado teológico. En su escrito se propuso demostrar que la condición principal del paraíso antes de la caída era que Adán podía controlar sus erecciones con su propia fuerza de voluntad. Luego vino Eva y lo arruinó todo.

Lo siento por él. Agustín, como todos nosotros, tenía sus *problemas*. Y era perfectamente válido que tomara en cuenta sus propias preocupaciones en su proyecto creativo de interpretación bíblica. Eso está permitido, tal como nos lo está permitido a todos nosotros.

Pero debemos dejar de confundir su equipaje y nuestro equipaje y el equipaje de nuestros pastores y el equipaje de nuestros padres con la voluntad de Dios. Si bien muchas de las enseñanzas de Agustín han sido veneradas por generaciones, cuando se trató de sus ideas en relación con el sexo y el género, básicamente se echó una cagada y la iglesia la enmarcó en ámbar.

---

7 "How St. Augutstine Invented Sex", por Stephen Greenblatt (*The New Yorker*, 19 de junio de 2017).

Pero en lugar de darnos cuenta de que todo eso no era más que la mierda personal de un caballero, asumimos que era directamente de Dios. Ignoramos el impacto dañino que tienen esas enseñanzas sobre personas reales y la forma en que han contribuido a la mala conducta sexual de la que nos estamos volviendo cada vez más conscientes. Cuando miramos el asunto de cerca, el problema subyacente a buena parte del acoso sexual y de la mala conducta es la dominación masculina, la clase de religión que a menudo nos dice que es "la voluntad de Dios".

Tertuliano, otro de los teólogos más influyentes de la iglesia primitiva, interpretó la historia del Edén diciendo que las mujeres destruyeron el *imago dei*, la imagen de Dios, en los hombres. También creía, como lo indica la cita inicial de este capítulo, que las mujeres tienen la culpa de la muerte de Jesús. Debido a esto escribió que es "la voluntad de Dios" que los hombres ejerzan dominio sobre las mujeres.

Es por eso que doy la bienvenida a nuestro apocalipsis actual. Como madre de una (ahora) adolescente, me alegro de este momento de destape cultural, porque necesitamos ver cuán profundamente subyace la herejía de la dominación masculina.

Y como madre de un adolescente, siento que también debemos mirar las formas en que los hombres han sido perjudicados por la herejía de la dominación masculina.

Recientemente, una amiga mía me sorprendió con una copia de *Hombre por Pedido*, la contraparte masculina del libro *Encanto Cristiano* para niñas, escrito por la misma autora (junto con su esposo, por supuesto). No tenía idea de que existía, pero allí mismo, en sus ochenta páginas mal ilustradas, estaban las instrucciones para la virilidad. Página tras página dedicada a generar confianza y aprender el plan de Dios para su vida, un plan que incluía tener modales impecables, caminar con firmeza y peinarse masculinamente. Comencé a entender por qué en tantas entrevistas que había realizado con mis feligreses, tanto hombres *queer* como heterosexuales hablaban de la vergüenza que sentían simplemente por ser quienes eran: demasiado creativos, demasiado suaves, demasiado callados. No dominantes.

Pero no me satisface tan solo nombrar el daño que las enseñanzas religiosas han hecho y dejar intacto todo el asunto. Estas historias de la creación son nuestras. Si la iglesia las ha usado para justificar el daño, que las use ahora para sanar. Si los que nos antecedieron se valieron del Génesis para encontrar una justificación para la dominación, miremos al Génesis para encontrar una justificación para su opuesto: la dignidad.

Génesis dice:

*Dios creó a la humanidad a imagen de Dios,*

*a imagen de Dios la creó;*

*hombre y mujer la creó.*

Todos los seres humanos están hechos, en tanto hombre y mujer (no hombre *o* mujer), a imagen y semejanza de Dios, y Dios llegó al punto de tener un cuerpo humano y de caminar entre nosotros como Jesús. Yo creo que esto es lo que nos permite a todos rechazar absolutamente la dominación e insistir en su opuesto: la dignidad.

Ser portadores de la imagen de Dios nos permite insistir en la autodeterminación de nuestros cuerpos y nuestro placer y nuestros corazones, y nos obliga a insistir en la autodeterminación de lo mismo en los demás. Nos permite nombrar y rechazar el acoso, el asalto, la sexualización de los niños y cualquier otra cosa que comprometa la dignidad inherente de los cuerpos humanos.

La dignidad, la calidad o el estado de ser digno provienen de nuestro origen, no de nuestros esfuerzos. Muchas de nosotras aprendimos de la iglesia que nos hacemos dignas por ser bonitas y por tener un espíritu tranquilo, si somos niñas; o por tener confianza y ser un líder fuerte, si somos niños; tratamos de moldear nuestro comportamiento y nuestro peso y nuestros peinados y nuestras expresiones faciales y nuestras personalidades de la forma en que pensamos que Dios quiere que los tengamos.[8] Como si pudiéramos ganar lo que ya nos ha sido dado.

La interpretación flácida de la creación de Tertuliano se equivoca de una manera muy básica: el *imago dei* no puede ser dañado, mucho menos eliminado. Qué visión tan débil de Dios cuando se afirma que la misma imagen de Dios podría ser destruida. Lo siento, Tertuliano, pero las mujeres no somos tan poderosas. Tampoco los hombres. Tampoco lo es el sistema de dominación masculina y acoso sexual, ni una clase de encanto donde las niñas de doce años tienen que tomar sus medidas y aprender a permanecer en silencio.

---

8 Los libros de ejercicio *Hombre por Pedido* (Man in Demand) y *Encanto Cristiano* (*Christian Charm*) incluyen páginas dedicadas a aquellas expresiones faciales que son cristianas, estilos de peinados cristianos y la clase de postura corporal cristiana.

STYLING AND SETTING YOUR HAIR

# How Feminine am I?

Do my "feminine" qualities outnumber my "unfeminine" qualities? (Check list below.)

---

THESE DESTROY FEMININITY – THESE INCREASE FEMININITY

☐ A bulky, flabby figure....A trim, disciplined body ☐
☐ Sluggishness.................................Vitality ☐
☐ An unkempt appearance............Careful grooming ☐
☐ Mannish attire............Dainty, pretty clothing ☐
☐ Older, daring styles......Youthful, girlish styles ☐
☐ Revealing clothes................Modesty in dress ☐
☐ Over-display in dress....Quiet, conservative dress ☐
☐ Gawdy makeup....................."Natural" makeup ☐
☐ Mannish, short hairdos...........Soft, clean hair ☐
☐ A dead-pan face.....................A ready smile ☐
☐ Tobacco odors.................A delicate fragrance ☐
☐ Stained fingers..............Clean, lovely hands ☐
☐ Smoking cigarettes........Abstaining from tobacco ☐
☐ Drinking liquor............Abstaining from liquor ☐
☐ Telling off-color jokes..............Clean speech ☐
☐ Reading smutty books........Purity of thought life ☐
☐ An ungainly walk..........A lovely, graceful walk ☐
☐ Sprawling in chairs..............Sitting prettily ☐
☐ A slouching posture..........A queen-like posture ☐
☐ A loud" mouth.................Soft, gentle speech ☐
☐ Raspy gravelly voice........Pleasant vocal tones ☐
☐ Slangy expressions........A refined vocabulary ☐
☐ Malicious gossip....................A kind tongue ☐
☐ Swearing and profanity........A reverent attitude ☐
☐ A quarrelsome spirit....A peace-loving disposition ☐
☐ Explosive behavior....................Self-control ☐
☐ Domineering attitudes.....Thoughtfulness of others ☐
☐ Boisterous rowdiness............Ladylike reserve ☐
☐ False sophistication.....Sincerity and naturalness ☐
☐ Holding grudges..........Forgiving and forgetting ☐
☐ Over-display of self......Dignity and self-respect ☐
☐ Dishonorable actions........Unblemished integrity ☐
☐ Becoming "cheap".................Honor and virtue ☐
☐ Pessimism................................Optimism ☐
☐ Conceit and vanity.........Modest self-confidence ☐
☐ Unchastity.........................Sexual purity ☐

NO, SHE'S NOT A BOY!
(She's just hidden her feminine qualities.)

_____ TOTAL          TOTAL _____

Hunter, Emily. *Curso de encanto cristiano.* Eugene: Harvest House, 1985. Usado con permiso de Harvest House.

# 3

# ESTA MIERDA ES GRATIS

El corazón de El verdadero amor espera es una promesa bíblica personal a Dios de abstenerse sexualmente desde este día hasta el día de la boda... Los estudiantes que optan por ordenar sus vidas según el diseño de Dios experimentan la alegría que él tenía en mente. Los que no toman esa opción, viven con las consecuencias naturales de sus elecciones: culpa, enfermedad, corazones y relaciones rotos, niños afectados, depresión e incluso muerte.

—Richard Ross, *True Love Waits Study Bible*

*La Casa* contaba con tan solo un par de años de edad cuando Stuart, la *drag queen* de la iglesia (Shirley Delta Blow), sugirió lo que resultó ser la más excelente campaña de mayordomía de la congregación de todos los tiempos.

Un pequeño grupo de nosotros estábamos en mi sala de estar para discutir cómo sería la administración de *La Casa*. Técnicamente, el término "mayordomía" se refiere a las responsabilidades de alguien a quien se le ha confiado algo, pero en la práctica es solo un código religioso para recaudar fondos para la iglesia. No sabíamos exactamente cómo se vería la campaña de nuestra iglesia, pero sabíamos que nos repelía la forma en que la mayoría de las congregaciones hablan sobre el dinero.

Mientras discutíamos, Stuart dijo: "¡Ya sé!" Todos lo miramos curiosos, preguntándonos hacia dónde nos llevaba.

"Hagamos camisetas", fue su idea, la que presentó a su manera, típicamente encantadora. "Que en el frente diga 'Esta mierda no es gratis' y que en el reverso diga '¡Así que mejor diezmen, *perras*!'".

Cuando por fin todos respirábamos normalmente de nuevo, nos sentamos alrededor de mi mesa de café, comimos papas fritas y guacamole y hablamos honestamente sobre los sermones manipuladores que habíamos escuchado sobre dar dinero a la iglesia. Les conté que el predicador de la Iglesia de Cristo en la que crecí solía dar un sermón anual sobre la parábola de los talentos. El tipo nos sacaba los mocos del susto a todos cuando afirmaba que todo nuestro dinero le pertenece a Dios, y que si Dios regresa en el fin del mundo y descubre que no le hemos devuelto a Dios lo que es de Dios (es decir, a la iglesia), entonces básicamente había un castigo indefinido para todos nosotros.

Ahora que tengo cierta distancia de esos sermones de

mano dura, estoy empezando a apreciar la práctica espiritual de la generosidad. También comencé a preguntarme si la parábola podría tener algo que decir sobre nuestro tema de la "pureza" sexual.

La parábola de los talentos (Mateo 25: 14-20) es algo así. Un tipo rico regala una fortuna absoluta ("talento" se refiere a una *gran* suma de dinero y no, como se podría pensar, la capacidad de hacer malabarismos o bailar *tap*). Divide ese tesoro entre tres sirvientes antes de partir a un viaje. Y encuentro este pequeño dato interesante: le da una cantidad diferente a cada uno de los sirvientes de acuerdo con su habilidad (*dynamis* en griego, que significa "fuerza" o "capacidad"), que, para mí, denota que las personas son diferentes.

Los primeros dos sirvientes ven al donante como alguien bueno y al regalo como algo bueno. Lo invierten en formas que lo hacen crecer y florecen. Pero el tercer servidor hace algo muy diferente, principalmente porque tiene una visión inquietante del rico. A pesar de que el hombre rico también le confió generosamente este increíble tesoro, el sirviente está aterrorizado de él, y asume que es duro y castigador. En su mente, el tesoro no es un regalo; es un truco.

Así que, presa del terror como para tomar decisiones sobre el tesoro, demasiado asustado como para arriesgarse con él, el tercer sirviente cava un hoyo y lo entierra. En lugar de usar el tesoro para descubrir cómo su propia fuerza, capacidad y habilidad individuales cobrarían vida en medio de tal regalo, oculta temerosamente lo que le fue confiado.

El amo regresa y felicita a los dos primeros sirvientes por lo que han hecho con lo que él les había dado y ellos "entran en la alegría de su señor". Pero cuando se entera de que el tercer sirviente enterró el talento porque tenía miedo, no puede ocultar su ira. El resultado: oscuridad exterior. Llanto. Rechinar de dientes.

"Recuerdo haber escuchado un montón de sermones sobre esta parábola", les dije a las personas en mi sala ese día. "Era como si el predicador transformara una visión temerosa del juicio de Dios en un aumento en el diezmo" (en el momento en que la palabra "diezmo" salió de mi boca, Stuart agregó: "¡Perras!").

Somos propensos a manipulaciones como esta porque el dinero es, a menudo, un lugar donde experimentamos miedo. Miedo de que no tengamos suficiente, miedo de que nunca ahorremos lo suficiente para tener la jubilación que el *sueño americano* nos prometió: sin preocupaciones y sin tener que trabajar. Miedo de que nuestros ahorros de toda la vida se pierdan con un solo diagnóstico de cáncer. Pero el dinero también es un lugar de vergüenza. La vergüenza de ser pobre, la vergüenza de ser rico, la vergüenza de lo poco que damos a las obras de caridad, la vergüenza de cuánto gastamos en café, la vergüenza de todas esas deudas que tenemos. Cuanto más miedo y vergüenza tengamos por algo, más propensos somos a la manipulación por parte de la cultura, de la publicidad y especialmente de la iglesia.

Para muchos de nosotros, el sexo también está plagado de miedo y vergüenza. Miedo al rechazo, miedo a la soledad, miedo a que nunca tengamos un amante. Miedo a exponer una parte tan lastimada de nosotros mismos después de haber sido abusados. Miedo a ser libres y desinhibidos. Y luego está la hermana astuta del miedo, la vergüenza. Es una vergüenza ser sexualmente activos a una edad demasiado temprana. Es una vergüenza ser vírgenes hasta los treinta. Es una vergüenza que estemos en un matrimonio sin sexo. Es una vergüenza que realmente queramos sexo con el tipo de personas con las que la religión nos dice que no deberíamos quererlo. Es una vergüenza que el sexo no nos interese en absoluto. Es una vergüenza que queramos disfrutar del sexo todo el tiempo.

Al igual que con el dinero, hay un millón de formas en las que el regalo se ha convertido en una maldición.

Recientemente, en *Annie's Café*, en Colfax Avenue, Denver, probé con mis feligreses Sara y Tim un término que era nuevo para mí. Tim tiene un rostro suave y es rubio, es un entusiasta de la bicicleta. Sara, una panadera, tiene grandes ojos marrones y las mejillas llenas que hablan exactamente de cómo debió haber lucido de niña. Tim y Sara fueron criados como evangélicos conservadores, tienen veintinueve y treintaiún años, y han estado casados durante tres difíciles años.

"Ustedes saben todo eso de la mayordomía, ¿verdad?", dije de la nada mientras revisábamos nuestros menús. "Me estoy haciendo preguntas sobre la mayordomía *sexual*. ¿Eso tiene sentido?".

"Sí", respondió Tim, sin siquiera levantar la vista del menú. "Me gusta".

Hablamos durante un tiempo sobre el trabajo y la familia antes de que llegara nuestra comida, y luego les pregunté qué les habían enseñado en su iglesia sobre el sexo y cómo eso los había afectado. Tim y Sara explicaron que les habían dado algo así como un plan único para todos para saber cómo salir en una cita y cómo comprometerse.

El plan único era algo así: si vas a salir con alguien (del sexo opuesto, por supuesto), no "vayas demasiado lejos" sexualmente. Parece simple en teoría, pero en la práctica puede ser confuso. ¿Qué tan lejos es "demasiado lejos"? Nadie parece saber exactamente la respuesta. Y así, las citas se convierten en un tire y afloje constante entre los deseos y los miedos. Los botones se deshacen y se vuelven a abotonar rápidamente como una ocurrencia tardía. Se tocan las partes del cuerpo y luego retroceden rápidamente, como un vampiro ante el ajo. El miedo a decepcionar a Dios y a sus seres queridos lleva a muchas parejas cristianas solteras a resistir su atracción sexual natural entre ellas.

A pesar de los mensajes confusos que recibieron, Tim y Sara se casaron con la seguridad de haber sido "obedientes" a Dios, de que habían seguido el plan. Pero ahora no están tan seguros de que esa haya sido la mejor idea. Lo que se les enseñó no estaba —y no está— siendo provechoso para ellos.

Al principio, el sexo para Sara fue increíblemente doloroso, y para Tim increíblemente frustrante. Ambos se sentían inadecuados, andaban irritados, confundidos, tomándose turnos para culparse ellos mismos y luego al otro. Les habían dicho que si seguían las reglas tendrían relaciones sexuales más satisfactorias y emocionantes que las parejas que habían tenido relaciones sexuales antes del matrimonio. Les prometieron el tipo de sexo que era mejor porque era puro. Pero cuando se casaron, descubrieron que todo eso era pura mierda. Toda la experiencia fue terriblemente decepcionante.

"Yo hice todo bien. Era una buena chica", dijo Sara cuando ella, Tim y yo compartíamos un plato de papas fritas. "Fui a una universidad bíblica. No tuve relaciones sexuales hasta cuando me casé. Y... no funcionó". Los problemas en su habitación rápidamente causaron grandes peleas y se filtraron a otras áreas de sus vidas. Consciente de que su relación estaba en problemas, Sara recurrió a libros cristianos para mujeres sobre cómo mejorar su matrimonio.

"Básicamente, los libros ofrecían formas de manipular a su esposo usando lápiz labial y asegurándose de que vas a cocinar el tipo de cenas que a él le gusta", dijo, sacudiendo la cabeza. Pero Maybelline y un bistec bien veteado no ayudaron.

Tim estaba tan confundido y desesperado como ella. Nada funcionó. "Ser un buen esposo cristiano y jefe espiritual del hogar era la única identidad que me habían enseñado que había que tener", dijo Tim. "Pero nunca encajo en esa identidad. Siempre me sentí como un fracaso por no ser lo suficientemente masculino".

Con la parábola de los talentos en mente, les pregunté a Tim y Sara lo que su iglesia había enseñado acerca de Dios cuando se trataba de sexo y género. Quería saber: ¿Eran ellos el sirviente que había enterrado su talento? Y si era así, ¿qué perspectiva de Dios los había obligado a hacerlo?

"Vi a Dios como una combinación de alguien espeluznante y alguien que fácilmente se decepcionaba", respondió Tim. "Me dijeron que Dios siempre estaba allí para verme cuando me masturbaba, para luego hacerme sentir mal por eso. Dios me bendeciría sexualmente solo mientras siguiera el plan, y se decepcionaría si yo no cumplía con ciertas 'reglas de hombre', como ser un líder espiritual y resistir la tentación".

La iglesia les enseñó a Tim y Sara que Dios estaba observando cada una de sus acciones, listo para intervenir con un movimiento de cabeza. Como si fuera un controlador malparido con un sistema de vigilancia asesino. Por un tiempo, esa teología funcionó en Tim y Sara, como sé que ha funcionado en muchos. Ellos enterraron su desarrollo sexual innato para complacer al amo. Y se casaron esperando que, como consecuencia, sus vidas sexuales fueran bendecidas.

La teología importa cuando hablamos de mayordomía

sexual. La parábola de los talentos nos muestra que nuestra visión de Dios determinará nuestra visión de lo que él nos ha confiado. ¿Nos traerá florecimiento y alegría, o nos traerá miedo y vergüenza? La forma en que veamos a nuestro creador va a definir cómo nos veremos a nosotros mismos y a los demás. [1]

Yo diría que cualquier teología que asuma que Dios ha puesto a los seres humanos como ratas en un gran experimento de laboratorio, dándonos choques eléctricos por el mal comportamiento y recompensas por el buen comportamiento, es mala teología. Lo mismo ocurre con cualquier teología que asume —con todo y que Dios creó a la humanidad en una diversidad alucinante— que Dios está complacido solo con un cierto *tipo* de persona.[2] Esta perspectiva de Dios nos ha llevado a muchos de nosotros a enterrar nuestro tesoro sexual por miedo. Negamos nuestras naturalezas, identidades y deseos para no sacar de casillas a un Dios que tan fácilmente se decepciona. El resultado es sufrimiento y oscuridad exterior, y eso no es obra de Dios.

Pero el plan que se les entregó a Tim y Sara, que les dijo que debían ser célibes hasta el matrimonio y luego adherirse a roles de género específicos dentro de su relación para que fuera saludable y agradable a Dios en realidad no es un plan para agradar a Dios. En varios sentidos, es solo una descripción de un tipo particular de persona.

"Mi hermana no se vio perjudicada en absoluto por los

---

[1] Esto se ha demostrado en estudios cerebrales realizados por el neurocientífico Andrew Newberg, MD. Ver Andrew Newberg y Mark Robert Waldman, *How God Changes Your Brain: Breakthrough Findings from a Leading Neuroscientist* (Nueva York: Ballantine Books, 2009).

[2] * El pastor y teólogo Robert Capon habla acerca de esto: "La iglesia, en general, tiene una historia pobre en el estímulo a la libertad. La iglesia ha pasado tanto tiempo inculcándonos el miedo a cometer errores que nos ha convertido en estudiantes de piano mal enseñados; tocamos nuestras canciones, pero en realidad nunca las escuchamos, porque nuestra principal preocupación no es hacer música, sino evitar equivocarnos". *Between Noon and Three: Romance, Law, and the Outrage of Grace* (Grand Rapids, MI: Eerdmans, 1997), 148.

mismos mensajes que me prepararon para el fracaso", dijo Tim. "Seguir el plan le funcionó. Ella está prosperando en su matrimonio y en muchas otras áreas".

Pero aquí está lo que gran parte de la iglesia aparentemente ha ignorado: la hermana de Tim no está prosperando porque ella sea una persona de rectitud. Es porque, naturalmente, ella es el tipo de persona que describe el plan: cisgénero, heterosexual, femenina, dulce, cristiana y virgen cuando se casó. No hay nada de malo en eso. Pero no la hace especial para Dios.

Pienso en mi conversación con Meghan en la orilla de la plataforma. Pienso en que hay personas por ahí para quienes todo lo que la iglesia les enseñó ha *funcionado*. Personas que *tienen* relaciones sexuales satisfactorias después de un noviazgo virginal. Personas que *se sienten* cómodas en los roles de género que la iglesia prescribe con tanta frecuencia. Luego pienso en cómo Meghan se tocó el pulgar y el índice juntos y dijo: "Sí, y así de pequeño es ese círculo". Incluso Tim y Sara —género cis, heterosexuales, cristianos y casados— no encajan en el círculo de personas que han sido regadas y alimentadas por las enseñanzas de su iglesia sobre el sexo. Pero no se debe al fracaso de su parte; se debe a una mala teología y sus efectos.

Al igual que la persona rica de la parábola sabía que cada uno de los tres sirvientes era diferente y, por lo tanto, les daba diferentes talentos, la administración sexual significa reconocer que cada uno de nosotros tiene cableados diferentes, necesidades diferentes, pecados diferentes, dones diferentes, sensibilidades diferentes. Eso demanda nuestra *atención*.

Para Dios cada persona es diferente, pero nadie es especial. No eres especial por ser heterosexual. O gay. U hombre. O cis. O trans. O asexual. O casado. O sexualmente prodigioso. O virgen.

Todos tenemos el mismo Dios que colocó la misma imagen y semejanza dentro de nosotros y nos confió, seres humanos imperfectos, cosas alucinantes como la sexualidad y la creatividad y la capacidad de amar y ser amados tal como somos. Puede que la iglesia proporcione un sistema de riego de pivote central para aquellos en el círculo pequeño, pero Dios provee la *lluvia*. No nos ganamos la lluvia ni la controlamos. No podemos decidir dónde va a caer ni en qué cantidad. Esa mierda es gratis.

..........

Tim y Sara están navegando sus enredos. Cuando el plan de la iglesia les falló, sintieron por un tiempo como si una oscuridad exterior hubiera descendido, pero están comenzando a descubrir las cosas que habían enterrado hace mucho tiempo. Han pasado el último año en terapia individual y de pareja, prestando atención a quiénes son ellos realmente como personas. Tim no se avergüenza de no ser un líder espiritual (lo que sea que eso signifique). Sara ha descubierto que no tiene que cambiar ni manipular a su esposo; ella puede amarlo por quien es. No más planes. Una talla no sirve para todos, y tal vez nunca se suponía que iría a servir.

"Además", agregó Sara, "no vamos a tener hijos. Antes del año pasado ni siquiera lo consideraba como una opción, pero una vez que abandonamos el plan, nos dimos cuenta de que tener hijos no es algo que toda pareja joven tenga que hacer o desear".

Se están convirtiendo en ellos mismos, y realmente se ven y se aman con todas sus peculiaridades y belleza. Dios les ha dado regalos que son suyos y de ellos solos, y están aprendiendo a administrarlos de la mejor manera que las personas imperfectas pueden. Y eso está bien.

"Esperen", dije justo cuando estábamos a punto de levantarnos para irnos. "Tengo una cosa más de que hablar antes de irnos. Sé que puede ser un poco extraño". Sara y Tim me miraron con curiosidad, tal vez esperando una advertencia pastoral. En cambio, les dije una de las razones por las que decidí escribir este libro. Y también quiero decírtela.

Mi exesposo —con quien estuve casada durante casi veinte años— y yo no sabíamos cómo conectarnos. No por culpa suya. Es un buen hombre y un gran padre. Pero había una parte de mí que estuvo cerrada durante mucho tiempo. Fue un infierno para los dos, pero finalmente pudimos enfrentar la realidad y caminar con nuestra familia a través de una separación amigable y el divorcio.

Cuando comencé a ver a mi novio, me sentí conectada con él y con mi cuerpo y mis deseos y mi naturaleza erótica de una manera profunda. Fue como una exfoliación de todo mi espíritu. Me ablandó, abrió mi corazón y limpió la suciedad en mi cabeza. Era algo tan *bueno*. No perfecto. *Bueno*. Bueno como los cuerpos. Bueno como el pastel de chocolate. Bueno como cuando Dios vio lo que Dios hizo, lo miró y dijo que era bueno.

"Algunos clérigos quieren saber si sus congregantes están dando dinero a la iglesia", continué. "Ellos dicen que la mayordomía puede ser un signo de salud espiritual, que cuando entendamos que todo lo que tenemos es un regalo de Dios, entonces seremos libres y felices de dar".

Tim y Sara se movieron en sus asientos y se miraron sospechosamente. Esta parte les sonaba familiar.

"Pero", agregué, "mi experiencia, la historia de ustedes y las historias de muchos de nosotros en *La Casa* me llevan a preguntarme: tal vez una buena vida sexual, sea lo que sea para quienes somos como individuos, también puede ser un signo de salud espiritual. Como su pastora, quiero que esa parte de sus vidas y su relación sean *buenas*. Quiero que su vida sexual esté libre de miedo y vergüenza y que sea alegre y corresponda a quienes ustedes dos son como individuos, porque es un regalo sagrado de Dios".

Sonrieron y dijeron: "Estamos llegando a ese punto". Y luego nos pusimos de pie, nos abrazamos y nos despedimos.

. . .

Mientras iba de regreso a casa, pensé en ese momento en mi sala de estar cuando discutimos nuestra estrategia de administración financiera. A lo que finalmente llegamos, además del deseo de que realmente pudiéramos hacer las camisetas de Stuart, era que no tendríamos un plan de administración. En cambio, presentaríamos nuestras necesidades y esperanzas financieras sin ninguna fanfarria o enseñanza emocionalmente manipuladora. Si las personas querían dar, lo harían según sus habilidades.

Entonces, si te han dicho que Dios está tratando de engañarte, si te han dicho que tu sexualidad es buena solo si está confinada a un pequeño círculo, te han mentido. Y lo siento mucho. Dios te dio tus regalos y nunca tuvo la intención de que fueran enterrados.

Cualquiera que sea el florecimiento sexual para ti, eso es lo que me encantaría que sucediera en tu vida. Procuremos ser administradores de nuestros cuerpos, vivir en la alegría de nuestra creación, honestos en cuanto a nuestras deficiencias, absorbiendo la gracia de la lluvia de Dios. Encontremos belleza y placer en nuestros cuerpos humanos individuales, confiando unos en otros en el uso de nuestros dones de sexualidad de acuerdo con nuestro *dinamismo*, nuestra fuerza y nuestra capacidad. Tratémonos a nosotros mismos y a los demás, sin importar nuestros talentos, como si todos fuéramos santos. Porque somos santos.

# HOOKED ON COLFAX

"Cuando les dijimos a nuestros amigos que queríamos abrir una cafetería en East Colfax, nos advirtieron que esa era el área de las prostitutas", me contó recientemente Malissa, dueña de *Hooked on Colfax*. "Dijeron que nos iban asaltar. Decidimos, entonces, acoger esa mala reputación". Junto con su esposo, Scott, querían crear un espacio comunitario inclusivo y acogedor que ofreciera café tostado localmente y golosinas caseras. Fue así como en 2005 abrieron *Hooked on Colfax*, el espacio en el que escribí gran parte de este libro. Se encuentra en lo que Playboy llamó una vez "la calle más larga y malvada de Estados Unidos".

La prostitución, el tráfico de drogas y la violencia han salpicado los poco más de cuarenta kilómetros de la arenosa Colfax Avenue de Denver durante décadas.[3] En la cultura popular, tanto Jimmy, el del programa de televisión animado *South Park*, como Jimmy, el de la película *Things To Do in Denver When You're Dead*, han intentado obtener los servicios de prostitutas en esta calle. Sal Paradise, de *On the Road*, la novela *beat* de Jack Kerouac, vive y bebe en Colfax.

En los días cálidos de Denver, la puerta del garaje que también sirve como la parte frontal de *Hooked on Colfax* se abre a la calle y comparte los olores de expreso y *muffins* recién horneados con policías, yoguis y personas sin hogar que caminan por Colfax.

En el interior, las pinturas del arte local se exhiben sobre los computadores portátiles abiertos de los estudiantes

---

[3] Denver Library's History of Colfax: https://history.denverlibrary.org/east-colfax-neighborhood.

de medicina y los obreros del 1099.[4] Un tablón de anuncios de la comunidad presenta volantes para protestas, conciertos y clases de *tai chi*, junto a tarjetas dibujadas a mano. Hay un anuncio que proclama "Orientación animal: encuentra tu espíritu animal con meditación guiada. $20 + alquiler del sitio (general), $30 + alquiler del sitio (trabajo en la sombra). Pregunta por mis descuentos por pobreza/ discapacidad". No tengo idea de lo que eso significa, pero extrañamente me consuela saber que las personas en situación de discapacidad y pobreza pueden acceder a la meditación del espíritu animal nivel trabajo-en-la-sombra por menos de $30.

*Hooked on Colfax* es la iglesia *La Casa* fuera de *La Casa* donde celebramos nuestras reuniones de planificación y desarrollamos los horarios de oficina y donde tengo las citas de cuidado pastoral. Un lugar perfecto para hablar de fe y sexo.

---

4 En el original, *1099 workers*. Son un tipo de trabajadores cuentapropistas (nota del editor).

# 4

# HÉLICE DE
# DOBLE CADENA

Un sábado por la mañana, mi feligresa Cindy y yo estábamos en *Hooked on Colfax* y me contó su historia.

"Y cuando me vi ya sola en el piso de la cocina, rodeada de sangre, un cuchillo afilado a mi lado, mi vida se había convertido en un largo juego de Serpientes y Escaleras espiritual", me dijo. "Intentaba y trataba de subir y subir hacia la meta de la salvación, y luego inevitablemente fracasaba de alguna manera y me deslizaba hacia abajo otra vez".

Levantó la vista de su café y vi que los ojos azulados de Cindy combinaban con su camisa casi exactamente. Rizos de cabello canoso y corto se enrulaban alrededor de su cara.

Esa noche, veintidós años atrás, en Seattle, mientras Cindy estaba sentada en el piso de la cocina después de haberse cortado los brazos y las piernas, el sonido del teléfono la devolvió a la conciencia. Su terapeuta, que nunca la había llamado a casa antes, solo tenía el pálpito de que debía revisar con el fin de saber cómo estaba Cindy.

"Hay tanta sangre", le dijo Cindy con cansancio. "No sé qué pasó". Los paramédicos llegaron poco después.

A pesar de sus mejores esfuerzos para ascender en el camino del favor de Dios, Cindy sentía como si se hubiera deslizado tan lejos como la rampa de caída podía llevarla. Y cuando aterrizó en el linóleo empapado de sangre de su pequeño apartamento, fue como si las piezas fracturadas de sí misma se hubieran esparcido a su alrededor.

Todo había comenzado muchos años antes, cuando ella se encontraba en un piso diferente. Cindy pasó muchos fines de semana de su adolescencia en retiros en la iglesia que habían sido diseñados para llevar a los jóvenes hacia la pureza sexual y "trascender sus cuerpos pecaminosos". ¡Y qué mejor manera de hacer que los niños no piensen en el sexo que enviarlos a una cabaña para pasar un fin de semana con un equipo de adultos que insistían en hablar nada más que de sexo! Sentados en círculo, los líderes adultos les preguntaban con qué frecuencia pensaban sobre el sexo, cómo planeaban mantenerse puros, cuáles eran los peligros de la masturbación y la homosexualidad. Cindy, independientemente de cuál era la verdad para ella, comenzó a sentirse presionada a que coincidiera con las respuestas correctas.

Cindy sinceramente quería estar cerca de Dios, conocerlo, y los líderes le dejaron claro exactamente cómo se suponía que debía hacerse eso. Ciertamente, aquel deseo de Cindy por su amiga Marla no parecía ser la verdad. Puede que Cindy a sus trece años aún no entendiera exactamente lo que estaba sucediendo con su cuerpo. Pero ella sabía que le gustaba Marla. Mucho. Sin embargo, ella también amaba a Dios.

Cindy se "dividió". Así es como lo dice ella. Acordonó las partes de ella que eran "incompatibles" con su deseo de seguir a Dios y trató de olvidarlas. Se convirtió en un avatar de sí misma, la versión que le dijeron que Dios quería que ella fuera. Fue solo más tarde, después de diez años de vivir una doble vida, que las consecuencias de estar "dividida" le dieron alcance.

En la iglesia pentecostal de la infancia de Cindy, quedó claro que había una manera de estar cerca de Dios: buscarlo con todo lo que tenía. Entre otras cosas, la búsqueda de Dios era posible al morir en el Espíritu, someterse a exorcismos y hablar en lenguas.

Cindy *anhelaba* desear esas cosas. *Quería* querer el don de hablar en lenguas, como los niños cuáqueros[1] quieren querer la simplicidad y los niños hippies quieren querer ser suaves.

Pero los exorcismos fueron aterradores para Cindy. Se creía que los demonios se habían apoderado de los cuerpos de aquellos que "luchaban con la homosexualidad" o que no se adherían al pequeño círculo de aceptabilidad de la iglesia. Si sufrías una enfermedad crónica, luchabas un poco con irte a la cama con tu secretaria o si simplemente te gustaba la música de Led Zeppelin (que se consideraba demoníaca en ese momento), la iglesia te sometía a un ritual religioso violento. Un grupo de hombres te rodeaba allá junto al altar de la iglesia, justo en medio del servicio, y le exigían a tu demonio que saliera.

---
[1] Pertenecientes a la Sociedad Religiosa de los Amigos (o cuaquerismo). Nota del editor.

*"¡Sal de ahí, demonio! ¡Deja libre a este chico!"* Gritaban los hombres. "¡En el nombre de Jesús, te ordeno que dejes este cuerpo! ¡No tienes autoridad aquí!".

Los hombres gritaban, a veces con absoluta convicción y otras veces con una súplica desesperada. Cindy nunca supo si gritaban ya que estaban preocupados porque la ceremonia no fuera exitosa o porque quizás los demonios tenían problemas de audición. A veces, durante un exorcismo, el pastor le pedía al demonio que se identificara. Y la persona podría gritarle, con una voz mecánica extraña, algo así como "¡Soy el demonio de la masturbación!" (no es de sorprender que en la iglesia de Cindy se dieran tantos exorcismos relacionados con el sexo). Tras la cascada protectora de su largo cabello rizado, Cindy miraba cómo el muchacho con el demonio Led Zeppelin o el hombre con el demonio de la masturbación gritaba, gruñía y emitía sonidos guturales; se revolcaba violentamente en el suelo, sudando, retorciéndose, a veces vomitando, antes de lanzarse a un estado de rendición y paz.

Cindy observaba todo eso con una mezcla de emociones conflictivas y preguntas confusas: ¿Por qué tenían que hacer eso? La gente parecía estar bien. ¿Puede acaso un demonio deslizarse dentro de ella sin que ella lo supiera? ¿Ya tenía uno? ¿Era por eso que sentía algo por Marla?

Una parte de ella quería ir allí, sentirse tranquila y libre de la lucha que experimentaba en su cuerpo. Pero el miedo a convertirse en un espectáculo religioso era más fuerte, así que cuando sentía que el predicador la miraba, fingía leer su Biblia, que mantenía abierta en su regazo. Un demonio no leería la Biblia, ¿verdad?

"Nos dijeron que nos mantuviésemos vigilando nuestros cuerpos", me contaba Cindy mientras Bob Dylan nos llegaba por los altavoces. Pero a medida que avanzaba la escuela secundaria, este proyecto de vigilancia se hizo cada vez más difícil para ella.

Habíamos estado en *Hooked* por una hora, después del tráfico de la media mañana cuando apenas puedes escuchar la música en medio del trajín. Ahora, en el espacio más tranquilo, el gemido campechano de Dylan —*¿por cuántos años puede alguien existir / antes que se le permita ser libre?*—[2] salpicado por nuestra conversación.

Durante el segundo año, Marla comenzó a dirigir algunas de las conversaciones en los retiros de los fines de semana. "Todo parecía tan fácil para ella", pensó Cindy. Su pequeña amiga de cabellos claros hablaba en lenguas y discurría con facilidad sobre los peligros de la masturbación y les entregaba pañuelos a los chicos que inevitablemente comenzaban a llorar. Marla parecía tan feliz, tan cerca de Dios, tan cristiana. Cindy la habría seguido a todas partes. Por la noche, después de la reunión de oración, después de que los niños se habían secado las lágrimas y los que vomitaron habían sido atendidos y limpiados, los dos líderes adultos desaparecían (Cindy supo más tarde que estaban teniendo una aventura), y Marla la invitaba a salir y caminar con ella. "Bajo las estrellas, en la creación de Dios, te será más fácil encontrar tu lenguaje de oración", le dijo una noche. Cindy asintió y extendió un abrazo.

De vuelta en casa, Marla y Cindy pasaban horas acurrucadas juntas en el "armario de oración" de Marla, que estaba encaramado en una almohada de flores amarillas que apenas dejaba espacio suficiente para las dos. En un extremo del armario había un pequeño altar que Marla había encendido con

---
2 Traducción suelta de un verso de *Blowing in the Wind*, de Bob Dylan (nota del traductor).

una pequeña linterna.

"Allí nos sentábamos", dijo Cindy, "un par de niñas de catorce años orando para que yo pudiera hablar en lenguas. Con el brazo entrelazado con el de Marla, suplicábamos al Todopoderoso que me ayudara a subir otro peldaño de la escalera de la santidad".

La emoción y la intimidad del tiempo en el armario de oración podrían no haber acercado a Cindy a hablar en lenguas, pero la acercó a Marla. Entonces comenzó a *fingir* que podía hablar en lenguas. Había escuchado la cadencia y el sonido lo suficiente en su vida como para poder imitarla de manera convincente. Aun así, pensó tanto en estar cerca de Marla que, en lo profundo de su mente, supo que cualquier progreso que hubiese obtenido ascendiendo esa escalera se había perdido. Ya pronto se deslizaría por la rampa de descenso.

Por los días en que Cindy saldría del lugar para ir a la universidad, el pastor de la iglesia confesó un amorío con la directora del coro. Se paró frente a su congregación, en el mismo lugar desde el que había predicado sermones sobre la pureza sexual y había exorcizado el demonio de la impureza sexual. "Si el diablo es lo suficientemente poderoso como para tentar incluso a tu pastor", dijo antes del ritual, "entonces es realmente poderoso".

Cindy estudió en una universidad evangélica en el noroeste del Pacífico, donde mintió sobre su educación pentecostal, avergonzada por los desmayos y las ceremonias de expulsión de demonios. En su último año, comenzó a tener una aventura amorosa con la esposa del pastor, una relación que duró dos años, todo mientras también estaba comprometida con el cantante principal de la banda de alabanza de la universidad.

Después de la universidad, Cindy mantuvo su apariencia. Se casó con su novio líder de adoración y comenzó a enseñar en la escuela secundaria. Por la noche alternaba entre escabullirse con su amante e ir a eventos de la iglesia. Trataba de trascender su cuerpo y escucharlo, y el conflicto entre los dos la deshizo. Cuando, como era de esperar, su matrimonio terminó después de solo diez meses, se desmoronó aún más. Las partes reales de sí misma y las historias inventadas se confundieron, hasta esa noche cuando, desparramada, sangrando en el piso de la cocina, fue salvada por una llamada telefónica de su terapeuta.

"No fue un intento de suicidio", me dijo Cindy en la cafetería ese día. "Ni siquiera fue un 'grito de auxilio', como lo llaman. Esa noche me corté los brazos y las piernas sin darme cuenta de lo que estaba sucediendo. Creo que estaba desesperada por sentir algo real, algo que no estuviera fingiendo".

Cindy permaneció en una unidad psiquiátrica durante dos semanas, cuando finalmente dejó de fingir. Ella les contó a los médicos y a otros pacientes su historia sobre su vida dividida y sus rampas y escaleras espirituales. Cuando lo hizo, sintió cosas en su cuerpo con las que no estaba tan familiarizada. Cosas humanas simples, como el hambre de comida y la necesidad de dormir. Fue el comienzo de su reensamblaje. Como una hélice bicatenaria, volvió a juntar una molécula a la vez.

En griego antiguo, la raíz de la palabra *demonio* significa "deshacerse".[3] Lo que nos hace fracturar, volvernos menos completos, es demoníaco.

---

[3] De Dictionary.com: "Del griego 'daimon', deidad, poder divino; dios menor; espíritu guía, deidad tutelar' (a veces incluye las almas de los muertos); 'genio de alguien, suerte o fortuna'; de PIE: *dai-mon-* 'que divide, que provee (fortunas o destinos)', proveniente de la raíz *da-*'dividir'".

En el Evangelio de Marcos, Jesús expulsa un demonio de un joven que "noche y día andaba por los sepulcros... gritando y golpeándose con piedras". Pero primero Jesús le pidió al demonio que se identificara (Marcos 5: 5-9). Cuando leo esta historia, pienso en Cindy sentada en el piso de ese apartamento horrible, llorando, cortándose los brazos y las piernas para poder finalmente sentir algo. Si esto es lo que es tener un demonio, ¿qué nombre le daríamos al de ella? Llamémoslo vergüenza. La vergüenza se deslizó por su cuerpo y la separó de sí misma. Separó su búsqueda sincera de Dios de su cuerpo, de su mente, de su sexualidad y de su corazón.

Me gusta pensar que Jesús, cuando envió a los discípulos a expulsar demonios en su nombre, tenía la intención de que miraran con tanto amor a los que se habían fracturado que provocaran que sus piezas abandonadas volvieran al centro de su ser. Él tenía la intención de que las partes que alguien o alguna institución consideraban no amables, las partes abusadas por aquellos que se suponía que las amarían y protegerían, podrían, a la vista de tal amor, volver a ensamblarse.

Cindy encontró sanidad, pero al principio la halló por fuera del cristianismo, en una ceremonia de purificación en una cabaña lakota, en Wyoming. Reunida con una docena de mujeres en completa oscuridad y calor, oró a Dios sin doctrina, sin juicio, sin la distracción de tener que ser o decir o creer algo en particular. No había nada que fingir.

Cindy se sentó nuevamente en círculo con otros, como en los retiros juveniles. Pero aquí ella sudaba la vergüenza que ya no le servía. No había escalera de virtud, ni deslizadero de vicio. Solo el calor de las piedras en su piel, el olor de la sabia en sus fosas nasales, el sonido de la oración cantada en sus oídos y la oscuridad de la cabaña en sus ojos.

Allí, en la *cabaña del sudor*, me dijo, su doble hélice se había vuelto a unir, había vuelto a reunir las partes físicas, espirituales, sexuales y emocionales de sí misma. Ya no había un cuerpo pecaminoso a trascender. Solo estaba ella, toda ella, uniéndose en santidad: célula por célula, oración por oración, gota de sudor por gota de sudor.

Un fin de semana, Cindy llegó temprano para poder quemar algo en el fuego. Se detuvo fuera de la cabaña con un par de amigas cercanas a su lado, sus rostros enfocados en las llamas ante ellas, las piedras para la cabaña enrojecían bajo la madera en llamas. En unos minutos, esas piedras serían llevadas a la cabaña y les arrojarían encima pizcas de hierba dulce y cedro, y el incienso de purificación se liberaría en el aire antes de que las puertas se cerraran. Pero por ahora descansaban debajo de la leña, listas para recibir lo que necesitaba ser quemado.

Cindy metió la mano en su bolso y sacó su Biblia, la misma Biblia que había tenido en su regazo en su cabaña de adolescente, la que había fingido leer para evitar el exorcismo, aquella en cuyos márgenes había garabateado notas desesperadas como un libro de hechizos por el cual ella podría transfigurarse.

Lentamente, sin palabras, arrancó ocho páginas muy específicas de su Biblia —las que mencionaban la homosexualidad— y las quemó una por una. Mientras estaba ahí, mirando la hoguera, sintió como si la gente de su iglesia de la infancia, los pastores juveniles, los pastores titulares y los demás adultos, se levantaban de la tumba de su psique y la juzgaban alrededor de ese fuego. Ella los vio, pero no le importó. Se estaba permitiendo ser libre.

Pero aún no había terminado.

Luego, Cindy arrancó los Evangelios: Mateo, Marcos, Lucas, Juan. La historia de Jesús nunca la había lastimado; Jesús nunca le había pedido que se separara. Entonces, con su mano derecha, agarró las páginas de los Evangelios sobre su corazón y con su izquierda arrojó el resto a la hoguera.

Hay quienes dirán que es "peligroso" pensar que podemos decidir por nosotros mismos lo que es sagrado en la Biblia y lo que no. Yo rechazo esa idea, y he aquí por qué. Los Evangelios son el canon dentro del canon. La Biblia, como dijo Martín Lutero, es la cuna que sostiene a Cristo. El punto de gravedad es la historia de Jesús, el Evangelio. Cuanto más se acerca un texto de la Biblia a esa historia o al corazón del mensaje de esa historia, más autoridad tiene. Cuanto más lejos está, menos autoridad tiene.

Es una historia de cómo el Dios que habló a través de profetas y poetas fue el mismo Dios que apareció más tarde en un cuerpo humano y caminó como si no entendiera las reglas. Jesús dijo que el mundo de Dios es como un padre que sale corriendo para encontrarse con su hijo que no es bueno, como si la carencia de bondad en el muchacho no importara.

Las historias de Jesús parecían tonterías, pero también parecían una verdad absoluta al mismo tiempo. Él decía que las cosas que pensamos que son tan importantes, rara vez lo son: cosas como guardar rencor y emitir juicios y acumular riqueza y ser el primero. Una noche, este Jesús se puso todo raro en una cena y dijo que un pan era su cuerpo y una copa de vino era su sangre, y todo para que hubiera perdón. Esto significa que nuestra carencia de bondad no importa. Luego salió y lo mataron de una manera totalmente evitable. Tres días más tarde, enloqueció a sus amigos al volver a aparecer y decir: "¿Tienen algo de comer? Tengo hambre". Luego encendió fuego, asó un poco de pescado e invitó a sus amigos a unirse a él. Es este mismo Jesús que estuvo junto a

Cindy mientras ella se liberaba alrededor del fuego de una cabaña ceremonial de sudor, aferrándose a su historia contra su pecho.

El primer sábado de diciembre, seis meses después de haber escuchado la historia de Cindy, subí los escalones de madera de un granero renovado en las afueras de Denver. La Gran Lectura de Adviento del Evangelio es una tradición anual de *La Casa*, un día en que nos reunimos en un gran círculo de sofás y sillas, una abundante mesa de bocadillos cerca, elementos de tejido y artesanías en mano, y leemos los Evangelios en voz alta, capítulo por capítulo, todos tomando su respectivo turno.

Cindy se sentó en una mesa cercana dentro del círculo de muebles, concentrada, dibujando en un papel de acuarela.

Travis, nuestro electricista e instructor local de judo coreano-estadounidense, leía Marcos 5, cuando Jesús echó una legión entera de demonios que habían atormentado a un hombre en cuerpo y alma.

"...y la gente fue a ver lo que había pasado", leía Travis. "Llegaron a donde estaba Jesús y cuando vieron al que había estado poseído por la legión, sentado, vestido y en su sano juicio...".

Miré a Cindy. Ella también estaba sentada a los pies de Jesús, el que nunca la había lastimado, vestida y en su sano juicio. Me miró, sonrió y levantó el texto en el que estaba siguiendo la lectura.

"¡No puede ser!", articulé tan solo con mis labios y mis ojos muy abiertos.

En las manos de Cindy estaban los Evangelios de la Biblia de su infancia —Mateo, Marcos, Lucas y Juan— que ella había apretado contra su corazón esa noche hace veinte años en la cabaña. Había creado una encuadernación para las páginas con un cordón trenzado de hierba dulce y las guardó todos estos años.

Esa noche en el albergue, había luna llena. Cindy reconstruyó esa imagen en acuarela sobre la historia con la que Mateo inicia su Evangelio; la genealogía y la infancia de Jesús. Varias capas de gris suave cubren la página, representando el cielo nocturno, con las palabras "nunca más" pintadas en la parte superior. Luego, debajo de las filas de texto, una imagen de luna llena, una pequeña esfera blanca de luz entre la oscuridad, rodea una sola palabra: "Jesús".

Cortesía de Cindy. Usado con permiso

CREACIÓN II

# PERTENECÍAN EL UNO AL OTRO

**EN EL DÍA** que Dios creó los cielos y la tierra todavía no había plantas porque aún no había agua, porque todavía no había nadie para hacer el trabajo de jardinería. Dios no se apresuró. La mierda tiene que suceder en cierto orden para que esto funcione.

Entonces, Dios formó un terrícola (Adán es una palabra sin género para decir "de la tierra"). Lo hizo de tierra, y respiró dentro de la nariz del terrícola para animarnos, y fue así como recibimos un alma y el regalo de la vida.

Somos tierra y aliento de Dios.

Entonces Dios se puso un overol, agarró un azadón y plantó el jardín más asombroso en el Edén, luego puso al terrícola en el jardín que Dios había hecho para nosotros. También hizo algunos árboles realmente hermosos que no solo eran agradables a la vista; también hizo la fruta más deliciosa que pudiéramos comer. Y había dos árboles especiales en el jardín: el árbol de la vida (el conocimiento de Dios) y el árbol del conocimiento del bien y del mal.

Dios es más un iniciador que un mantenedor. Más

emprendedor que gerente. Le dio el jardín al terrícola para que lo cuidara, porque tiene otras cosas que hacer. Y le dijo: "Te puse junto a algunos árboles frutales realmente cautivantes, así que ¡disfrútalos! Eso es vivir. Pero no comas de ese árbol. Déjame a mí preocuparme por lo que es bueno y lo que es malo. No quiero que esto se convierta en una inquietud para ti. Solo quiero que vivas. Yo seré el creador, y tú serás la criatura".

Entonces Dios pensó en lo que se siente estar solo y se dio cuenta de que sería una mierda para el terrícola hacer todo eso de vivir, comer frutas y ser jardinero sin nadie más alrededor. Así que de la tierra Dios creó cada animal del campo y cada ave del aire, y luego Dios se entretuvo viendo cómo los terrícolas nombraban a esos pájaros y a esas bestias. Y eran geniales, pero ninguno de ellos era un socio para el terrícola. Seamos sinceros: los pollos son increíbles, pero no pueden arar la mierda.

Así que Dios pensó: "Tal vez esto de hacer más criaturas a partir del barro ya está perdiendo su gracia. Debería hacer uno de carne". Entonces se escondió detrás del terrícola con un pañuelo empapado en cloroformo y lo puso a dormir. Luego, por alguna razón, tomó una costilla del individuo, cosió la herida e hizo una hembra. Acto seguido, les dio a los dos terrícolas el uno al otro porque ellos se pertenecen mutuamente de esa manera. Fueron hechos el uno para el otro. Y encajan. Es por eso que aún hoy en día muchos de nosotros necesitamos encajar con alguien más emocional, sexual y espiritualmente.

Y los dos terrícolas, varón y hembra, estaban desnudos. Y no se avergonzaban. La vergüenza aún no se había presentado. Esa viene pronto.

# 5

# SANTA RESISTENCIA

AFIRMAMOS que el concepto que el ser humano tiene de sí como varón o hembra debe ser definido por los propósitos santos de Dios en la creación y la redención tal como se revela en las Escrituras.

NEGAMOS que adoptar un concepto de sí como homosexual o transgénero sea consistente con los santos propósitos de Dios en la creación y la redención.

—Declaración de Nashville, artículo 7.

A continuación, una línea de tiempo un tanto suelta de lo que hice la semana en la que la ciudad de Houston estaba bajo las aguas que le trajo el huracán Harvey, la semana cuando el 45º presidente de Estados Unidos anunció que terminaría con un programa federal que protegía los niños inmigrantes indocumentados, y la semana en que una organización bautista del sur publicó la Declaración de Nashville, un documento que describe todas las razones por las que ser gay o transgénero está por fuera del "plan de Dios para la humanidad".

**Domingo**: mi hijo Judah y yo nos despedimos de su hermana —mi única hija mujer—, cuando salió de casa para ir a una pequeña universidad para mujeres en Oakland. Me sobrecargaba el dolor y también la emoción. Pero sobre todo dolor. Ella era mi corazón. Mi amiga.

Sí, ya sé, ya sé. Tú no debes ser "amiga" de tus hijos. Se supone que eres madre; que eres padre. La figura que provee el amor duro. La autoridad final que establece la ley. Pero después de tantos años de estar dándonos en la cabeza y de competir por quién es la más obstinada, el tiempo en que Harper necesitaba algo de eso ya había concluido. Poco a poco, pasamos a ser dos mujeres que se querían y disfrutaban pasar el tiempo juntas. Y, sin embargo, ella era mi bebé, la que me hizo madre, la que creció en mi útero, la que amamanté en mi pecho en la mecedora antigua de mi madre y la que se convirtió en una persona frente a mis ojos. Mi bebé. Mi corazón. Y tuve que estar de pie junto a su hermano a la salida del garaje de mi exmarido y decirle adiós mientras él y nuestro bebé se iban a California.

Elevé un millón de oraciones ese día. "Protégela, Dios. Envía a sus amigos para que vean lo increíble que es. Ayúdala a recordar que tiene que hacer todas sus tareas antes de irse de fiesta". Eso tendría que ser suficiente. Abracé a Judah —quizás con demasiada fuerza— y luego hicimos el desayuno.

**Martes**: Después del gimnasio, traté de escribir sobre las normas de género, pero me quedé atrapada cuando leí esta cita loca de William W. Orr, un pastor que publicó un libro de educación sexual cristiana en la década de 1950. En parte porque suena más gay que el mes de junio:

> Adán era masculino, fuerte, capaz. Debió haber sido un espectáculo hermoso, limpio, fresco, puro, directamente de la mano de Dios. Posiblemente 1,82 m de estatura, cuerpo musculoso, hombros cuadrados, pecho profundo, mentón prominente, tal vez con un hoyuelo. Pulgada a pulgada todo un hombre. Eva debió haberlo amado tanto, al punto mismo del dolor.
>
> Y Eva. Qué visión de deleite perfecto debió haber sido. Su piel suave y encantadora, su cabello largo y sedoso. Estoy seguro de que su forma era femenina hasta la médula. Ella debió haber tenido manos delicadamente formadas y pies delicados. Sus ojos eran azules como los cielos de arriba, y sus labios avergonzaban lo rojizo de la rosa. Seguramente, la admiración de su esposo debió haber sido casi adoración.
>
> Aquí está el comienzo del plan sexual de Dios. Hombres varoniles y mujeres femeninas.[1]

Habiendo cedido ya a la distracción, publiqué esa cita de Orr en el grupo de Facebook de mi congregación, junto con un comentario sarcástico sobre lo blancos que sonaban Adán y Eva, con los ojos azules y el cabello sedoso y demás. Casi de inmediato,

---
1 William W. Orr, *Plain Talk About Love and Sex* (Wheaton, IL: Scripture Press, 1950).

uno de mis feligreses señaló: "Esto no suena muy diferente de la Declaración de Nashville". "¡Totalmente!" respondió otra persona.

No sabía de qué estaban hablando, así que a pesar de que estaba a punto de ir a tomarme un café con mi feligrés Kevin y no tenía tiempo para entrar en el drama de Internet, pedí un enlace, porque también tengo mis debilidades.

La Declaración de Nashville, escrita por un grupo cuyo nombre no podría inventar —el Centro para la Virilidad y la Feminidad Bíblicas— y firmada por pastores de renombre de un grupo de iglesias influyentes es un documento que refuerza por partida doble los puntos de vista cristianos conservadores sobre la sexualidad y el género. El preámbulo dice: "No somos nuestros. Nuestra verdadera identidad como personas masculinas y femeninas es dada por Dios. No solo es necio, sino desesperado, tratar de hacernos lo que Dios no nos creó para ser".

Me senté en mi departamento y leí los catorce artículos de la Declaración de Nashville, cada uno un puñetazo en mi estómago, uno tras otro. Justo en esos días acababa de pasar meses entrevistando a docenas de mis feligreses para este libro, haciéndoles tres preguntas a cada uno: 1) Al crecer, ¿qué mensajes recibiste de la iglesia sobre el sexo y el cuerpo?; 2) ¿Cómo te afectaron estos mensajes?; 3) ¿Cómo has navegado tu vida ahora como adulto?

Feligrés tras feligrés relataron cosas horribles que les dijeron y les hicieron en entornos cristianos. La mujer que creyó durante veinte años que Dios nunca le dio un esposo porque había tenido un aborto a los dieciséis. El hombre gay que fue forzado a un programa "reparador" diseñado para convertirlo en un hombre exgay, programa en el que un terapeuta lo obligó a tener relaciones sexuales. Gente trans que se autolesionó, cortándose su propia piel porque no sabían que en lugar de eso podían cortar la mierda total que la iglesia les daba como alimento con aquello de que estaban viviendo por fuera de los roles de género ordenados por Dios.

Deseaba tanto poder sentarme con las personas que escribieron la Declaración de Nashville y contarles las historias que he escuchado de estas personas fieles que Dios ama. Deseaba poder mostrarles cómo su lealtad a una doctrina o a una interpretación de algunos versículos de la Biblia ha proporcionado tanto daño a los cuerpos y a los espíritus de las personas bajo mi cuidado. Puede ser reconfortante creer que Dios tiene algún tipo de plan maestro para la expresión del género y para las relaciones sexuales, que si se siguen correctamente nos permitirán construir una vida feliz y plena y que desviarse de ese plan es peligroso. Veo el atractivo de eso como una *idea*. Pero quiero recordarles a los redactores de la Declaración de Nashville que cuando la gente le preguntó a Jesús cómo ser justo y vivir en el plan de Dios y ser agradable al Señor, él no dijo "No seas trans" o "No te involucres en relaciones sexuales fuera del matrimonio". Él simplemente dijo: "Ama a Dios y ama a tu prójimo como a ti mismo" (Marcos 12: 30-31).

Amar al prójimo suena bien, incluso fácil. Pero desafortunadamente significa que yo debería mostrar preocupación no solo por la agradable dama que vive al lado, sino también por el Centro para la Virilidad y la Feminidad Bíblicas: mis prójimos en el fondo de la tabla, a los que preferiría no amar en absoluto.

Sé que cuando las mujeres hablan y reclaman nuestra dignidad, como la gente *queer* habla y reclama la suya, y a medida que nuestra sociedad abraza cada vez más la diversidad salvaje dentro de la raza humana, no es fácil resistirlo todo. Los redactores de la Declaración de Nashville admiten lo mismo en su preámbulo: "Los cristianos evangélicos en los albores del siglo XXI se encuentran viviendo en un período de transición histórica. A medida que la cultura occidental se vuelve cada vez más poscristiana, se ha embarcado en una revisión masiva de lo que significa ser humano". Están perdiendo la guerra cultural y eso no da ninguna sensación de comodidad. Este pequeño bocado de compasión es todo lo que puedo ofrecer.

Miré el reloj, cerré mi computadora portátil y le envié un mensaje de texto a Kevin diciéndole que llegaría unos siete minutos tarde.

Kevin trabaja en la banca de inversión, pero parece un chico granjero con su elegante barba rubia y su camisa Carhartt. Tiene veinticinco años, "masculino, fuerte, capaz, pulgada a pulgada todo un hombre", como William Orr podría haberlo descrito. Sucede que él también es transgénero. "Pero yo paso", admitió. "Es decir, nadie lo sabe; a menos que yo les diga".

Kevin me habló de su tiempo cuando crecía en el medio oeste estadounidense en una familia amorosa que no parecía molestarse terriblemente por la religión, y pensé en la suerte que tuvo de haber llegado a la fe cristiana de adulto. Salir como trans es bastante difícil para cualquiera, pero a diferencia de la mayoría de sus compatriotas *queer* en la iglesia, Kevin no tenía una familia que lo alimentara con cucharadas de odio a sí mismo y le dijera que era "el plan de Dios" para su vida.

Unas semanas antes de nuestra reunión, Kevin fue bautizado en *La Casa*. "Simplemente veo la idea del perdón como algo realmente necesario, y la encuentro en la historia de Jesús. Necesito esa historia. Quiero entrar", dijo. Puesto que todavía estaba furiosa por la Declaración de Nashville, me irritó un poco que un cristiano nuevo me recordara el mensaje de Jesús cuando lo que yo hubiera preferido era despotricar sobre la mierda que me estaba haciendo odiar a la gente.

Al mirar a este joven de naturaleza dulce y aspecto de chico granjero frente a mí, no podía entender por qué los tipos religiosos de nuestros días lo ven como una amenaza o por qué los legisladores y votantes de Carolina del Norte preferirían que él usara el baño de mujeres. ¿Por qué los redactores de la Declaración de Nashville quieren que él crea que, por su propia naturaleza, va en contra de la voluntad de Dios?

El tema de lo transgénero puede ser difícil de aceptar para personas de mi edad y mayores. Lo entiendo. Tengo casi cincuenta años y me ha llevado un tiempo ponerme al día. Incluso con tantas personas trans y *queer* de género como las que tengo en mi vida, no siempre entiendo todo... Y luego recuerdo: no importa. El hecho de que a veces no lo entienda es mi propia mierda, y no debería confundir mi mierda con mi trabajo. Mi trabajo es amar a mis feligreses. Y lo hago. No perfectamente, pero lo hago.

Kevin y yo nos despedimos y bajé las escaleras hasta el bar clandestino debajo de *Hooked on Colfax*. Entre la lectura de la Declaración de Nashville esa mañana y salir a tomar un café con Kevin, rápidamente volví al grupo de Facebook de mi congregación e invité a cualquiera que estuviera interesado en unirse a mí en la cafetería para un "trabajo de edición". Media docena de mis feligreses ya estaban sentados en una mesa, encorvados sobre sus computadores portátiles.

Mientras mis ojos se acostumbraban a la tenue luz, vi a Meghan, la mujer trans de edad mediana que me enseñó sobre círculos pequeños y que llena el crucigrama del New York Times todos los días de su vida; Cody, un joven homosexual que era nuevo en la iglesia y, sin embargo, aparece cada vez con una gran cantidad de comida casera reconfortante; Whitney y Jenny, que están comprometidas para casarse y que se conocieron mientras eran amigas en Calvin College, una universidad cristiana conservadora; y Lori y su hija q*ueer* Miriam, de diecinueve años.

Juntos, pasamos la tarde redactando lo que llamamos la Declaración de Denver, una reescritura línea por línea de la Declaración de Nashville. Comenzamos con el preámbulo:

> Los cristianos en los albores del siglo XXI se encuentran viviendo en un lugar emocionante, hermoso, liberador; un período sagrado de transición histórica. La cultura occidental se ha embarcado en una revisión masiva de lo que significa ser un ser humano al expandir los límites y definiciones previamente impuestos por la iglesia. En general, el espíritu de nuestra época discierne y se deleita en la belleza del diseño de Dios para la vida humana, que es mucho más rica y diversa de lo que habíamos entendido previamente.

Nos sentamos alrededor de una mesa en la esquina del sótano de la cafetería, comimos bollos, tomamos café y leímos cada artículo y, colectivamente, ofrecimos ediciones. Se sintió como una liturgia. Nos reunimos para honrar las voces y la personalidad de los demás y escuchamos a Dios en medio de esas voces. Nos reímos, lloramos, escuchamos y dimos gracias.

Horas después, cuando finalmente terminamos, Cody dijo: "Esto fue mejor que la terapia".

Varios de nosotros bajamos algo más de tres kilómetros hacia el oeste a lo largo de Colfax, pasando por paradas de autobuses, pizzerías y tiendas de porno y, luego al norte, a media cuadra de la iglesia hasta nuestro primer salón de música. Dado que nuestros servicios de adoración en *La Casa* no tienen instrumentos musicales, ni banda, ni órgano, nada más que voces humanas, algunos de los músicos habían decidido organizar un evento donde la gente pudiera mostrar sus otros talentos. Para ser honesta, yo tenía mis temores. Ya imaginaba la mezcolanza en la que se iría a convertir todo el evento cuando alguien, inevitablemente, se levantó para cantar *You Light Up My Life* siguiendo una pista de fondo pregrabada (exacto; tal como yo pude haberlo hecho o no en un campamento cristiano de verano cuando tenía doce años).

Pero el salón de música no fue incómodo. Fue glorioso. Gente de la que yo no tenía idea que poseyeran tal nivel loco de talento interpretaron piezas clásicas, hubo actuaciones emocionantes de cantautores y un arreglo de violonchelo particularmente conmovedor. Pero lo que me mató fue Winnie, una mujer ugandesa que, con sus curvas, una sonrisa gigante y una energía aún mayor cantó una versión de una canción de *La sirenita*, pero con letra propia:

### *Parte de tu ciudadanía*

*(Melodía de "Una parte de tu mundo" de* La Sirenita*)*

*Mira este país. No está bien.*

*¿No crees que la inmigración es dulce?*

*¿No crees que soy la chica?*

*La chica que solo quiere una cosa*

*Quiero ser*

*¿Dónde está la gente local?*

*Quiero votar*

*Pues los* millennials *son cojos*

*Algún día tendré dinero para pagar (espera, ¿cómo se llama?)*

*¡Ah, sí, seguro médico*

*Por lo general, me alcanza para una semana*

*Vender mi riñón no fue tan malo*

*Ojalá pudiera ser*

*Parte de tu ciudadanía.*

Mientras yo escuchaba —sentada contra la pared— a esta hermosa mujer (que para muchos no es una joven hermosa, sino una "inmigrante ilegal"), me preguntaba por qué las personas como Kevin y Winnie a menudo son catalogadas como "problemas" por gente que no tiene la menor idea de quiénes son ellas. Todo esto, mientras, laptop en mi regazo, terminaba de editar nuestro borrador de la Declaración de Denver.

Cuando alcé la vista vi que Cody, el príncipe de la comida, se había sentado a mi lado. Tomé su mano y juntos presionamos "publicar".

**Miércoles**: Me permití leer exactamente seis comentarios negativos de Facebook en respuesta a la Declaración de Denver. La mayoría de ellos me acusaban a mí y a mi congregación de "no creer la Palabra de Dios" o de no adherirnos a la autoridad de las escrituras. Pero no pude detenerme en estas acusaciones por mucho tiempo porque necesitaba hacer lo que hago la mayoría de las semanas de mi vida, que es leer y estudiar la Biblia, lo que me acusaron de ignorar.

Predicar en *La Casa* implica invertir una gran cantidad de tiempo obsesionada con cualquier texto bíblico que se asigne para ese domingo. Toda la semana pienso en el texto en la ducha, mientras paseo a mi perro y mientras conduzco. Después de reunirme con gente en mi trabajo de atención pastoral, a menudo les pregunto si pueden leer el texto conmigo y decirme qué les llama la atención. He entrenado mi cerebro para que, cuando me despierto en medio de la noche, no salte a mi lista de tareas pendientes o lo que sea que me esté molestando en ese momento, sino que empiece a pensar en el texto bíblico de la semana hasta que me vuelva a dormir. Ser predicadora es como tener una enfermedad mental no muy interesante.

Pero he descubierto que, si se medita en ella, se lucha con ella y se le cuestiona adecuadamente, la Biblia entrega sus bienes. No es un plano arquitectónico, un plan estratégico o un ultimátum, sino una historia de Dios y del pueblo de Dios que perdura de generación en generación.

El texto de esa semana era de Éxodo, uno de los seis libros de la Biblia que pasa la prueba de Bechdel, que requiere que en algún momento de una pieza de película o literatura, dos personajes femeninos tengan una conversación entre ellos sobre algo que no sea el varón.[2] Tiene razón. Es una prueba que, ciertamente, pone el listón muy bajo, pero que rara vez se aprueba.

La lectura del Éxodo era una historia de resistencia sagrada. Una historia de cómo cinco jóvenes desafiantes lideraron el camino hacia la libertad para el pueblo hebreo. Es así: durante

---

2 * La prueba lleva el nombre de Alison Bechdel, la dibujante y escritora lesbiana que la concibió. Los seis libros de la Biblia que pasan la prueba son Éxodo, Rut, Samuel, Reyes, Marcos y Lucas.

varias generaciones, los israelitas habían vivido pacíficamente en Egipto como extranjeros residentes, pero había un nuevo Faraón, y él era todo un problema. Él era, ¿cómo lo digo?... un racista inseguro y tiránico que carecía de sabiduría. Suele pasar.

A lo largo de la historia, a los líderes recientes y antiguos e inseguros les ha gustado considerar a los que tienen menos poder como "peligrosos". Como cuando los inmigrantes (como Winnie) son responsables de una disminución en el mercado laboral, o las personas homosexuales (como Cody) son considerados responsables de la tasa de divorcios (como si las personas heterosexuales ya no se hubiesen ocupado de eso habiendo debilitado la institución del matrimonio), y qué decir de las personas trans (como Emery, teniente del Ejército, que es parte de mi iglesia), a quienes señalan como la razón por la cual la defensa de los Estados Unidos cuesta tanto dinero.

El faraón no era diferente. Él miró a su alrededor y dijo: "¡Un momento, un momento! Esos hebreos están teniendo demasiados bebés. Si eso sigue así, esta tierra se llenará de gente que habla un idioma diferente y que tienen un color de piel diferente al de las personas que realmente pertenecen a este país". Entonces al faraón se le ocurrió una solución para deshacerse de su "problema hebreo". Comenzó esclavizándolos con trabajos forzados, pero eso no le funcionó. Ellos seguían teniendo bebés (tal vez porque cuando la vida se puso tan dura y había tan pocos placeres, el sexo era una cosa que Faraón no les podía quitar). Entonces encontró a un par de parteras, Fuvá y Sifrá, y les dijo que se ocuparan del "problema hebreo" matando a cualquier hebreo recién nacido, a cualquier nuevo varón. A las niñas, por otro lado, se les permitiría vivir (porque, ya saben, ¿qué amenaza podrían representar las chicas?).

Pero el faraón subestimó el poder de las mujeres que ya

están hartas y que quieren proteger a los débiles y a los inocentes. Tal vez eso es lo que significa cuando el texto dice "las parteras temían a Dios". Ellas respetaban a Dios, ellas confiaban en Dios, ellas amaban a Dios y conocían la diferencia entre el faraón y Dios. El miedo en este sentido no es terror. Es reverencia. El miedo que el faraón sentía, por otro lado, es el temor en tanto *miedo*. Miedo a perder su importancia, poder o posición. Miedo a la cultura cambiante a tu alrededor. Eso no es reverencia, es pequeñez, y motiva cosas como decretos y declaraciones sobre esclavos, inmigrantes y maricas.

Sifrá y Fuvá fueron llenas del Espíritu Santo y tuvieron la valentía y el amor para desafiar al faraón, y eso es exactamente lo que hicieron. Lo desobedecieron. Dejaron que los bebés varones vivieran. Porque a veces lo más sagrado que podemos decir es: No. *No mientras yo esté a cargo.*

Cuando el faraón convocó a las parteras nuevamente para preguntarles por qué habían desobedecido su orden de ocuparse de la "cuestión hebrea", Sifrá y Fuvá sabiamente respondieron al rey, jugando con sus estereotipos racistas. "Oh, sí", dijeron, "queremos matar a todos los bebés varones, solo que esas mujeres hebreas no se parecen en nada a sus pequeñas mujeres egipcias. Son más fuertes que el infierno —tal vez por toda esa esclavitud— y pueden dar a luz como si no fuera asunto de nadie. Cuando llegamos a sus habitaciones de esclavas, ya es demasiado tarde. Ya han dado a luz".

El faraón estaba aturdido. La esclavitud no había resuelto su "problema hebreo" y tratar de manipular a las parteras tampoco lo resolvió. Así que lo siguiente que intentó fue firmar una orden ejecutiva que decretó que todos los egipcios debían buscar bebés nacidos de mujeres hebreas y arrojarlos al Nilo.

En este punto, la historia pasa a una joven mujer hebrea que había estado escondiendo a su hermoso bebé del faraón todo el tiempo que pudo. Sin embargo, después de tres meses, su hijo creció demasiado para esconderlo y se vio obligada a hacer lo inimaginable. Consiguió una canasta, la cubrió con betún y brea y lo que solo puedo imaginar fueron un millón de oraciones, luego acurrucó al niño en ella y colocó la canasta entre las cañas en la orilla del río. "Protégelo, Dios", rezó. Eso tendría que ser suficiente.

No mucho tiempo después, la hija del faraón bajó para bañarse en el río y vio la canasta entre las cañas. Curiosa, miró adentro y vio al niño: sus pequeños brazos, su boca perfecta, su pecho subiendo y bajando con el aliento de vida, y decidió: *Esto no es un problema. Es un bebé.*

Ella también estaba llena del espíritu de Dios. La propia hija del Faraón lo desafió al ver al bebé como un bebé y no como una cuestión de inmigrantes o una cuestión hebrea o una cuestión *queer* o una cuestión de mujer o una cuestión de población con necesidades especiales o una cuestión negra.

Luego, la hermana mayor del bebé, que aparentemente había estado monitoreando la situación, salió de detrás de los juncos e hizo algo tan inteligente, leal, amoroso e intrigante que la admiraré todos los días de mi vida. Le dijo a la hija del faraón: "¡Oye, yo conozco a una mujer hebrea que podría ser su nodriza!". La hija del faraón estuvo de acuerdo y la niña se fue a su casa.

"Está vivo, mamá", me imagino a la hermana diciendo con un tono en su voz que dio paso a algo más feroz. "Y adivina qué: la hija del faraón literalmente te va a pagar por amamantar a tu bebé. ¡Con el dinero del *faraón!*".

Más tarde, después de que la madre había destetado al niño, lo llevó a la hija del faraón, quien lo tomó como su hijo. Ella lo llamó Moisés, que significa "Yo lo saqué del río".

Ese era el texto que predicaría el domingo.

**Domingo:** Sé mucho sobre solo un par de cosas en este mundo, y una de esas cosas es mi congregación en *La Casa*. En muchos sentidos, son un grupo de personas que han hecho sus propias balsas selladas con brea y oración. Como si juntos se hubieran alejado de aquellos que les harían daño, y de alguna manera terminaron en la iglesia.

Ellos me han invitado a sus historias. Sus corazones, heridas, cuerpos, preocupaciones y belleza me han cambiado. Cuando se hace una declaración o se aprueba una orden ejecutiva en la que se les rotula como un "problema" o un "pecado", tomo esa mierda personalmente.

Quizás tú también.

No me puedo imaginar lidiando con el enojo y la tristeza que sentí esa semana, y mucho menos predicar al respecto, sin las escrituras. No sabía qué hacer o decir, todo lo que podía hacer era ofrecerles esta historia de jóvenes desafiantes que hicieron lo sagrado y decir "No, no mientras nosotras estemos a cargo". ¿Cómo podría sobrevivir yo sin las escrituras? Señor, ¿a quién iremos? Tú tienes palabras de vida eterna.

Cuando llegó el domingo, después de una semana llena de tantas noticias horribles, me paré frente a mi congregación y hablé con una voz temblorosa de amor. "No son un 'problema', dije, casi rogándoles que me escucharan. "No son un error. No son más que lo que su Dios los ha creado para que sean. Yo estaré del lado de ustedes. Nos apoyaremos el uno al otro. Y hay una fuente para todo el amor que necesitamos, una fuente para toda la valentía que necesitamos. Hay una fuente para todo el desafío que necesitamos, y esa fuente no es nuestra capacidad de tener razón en todo; no es la pureza de nuestra política. La fuente de nuestro desafío proviene de la misma fuente a la que recurrieron cinco mujeres jóvenes en Egipto mientras luchaban por la libertad. Esa fuente es el Dios de Sifrá y Fuvá".

Y una cosa más: sigan subestimando a las niñas y las personas trans y a los inmigrantes, pero háganlo bajo su propio riesgo. Somos totalmente una amenaza. Dios ha esparcido parteras, hijas de faraón y otras personas santas en todo el lugar cuyo trabajo es darle vida a la muerte.

# DENVER VS. NASHVILLE

(NASHVILLE) AFIRMAMOS que la voluntad revelada de Dios para todo el mundo es la castidad por fuera del matrimonio y la fidelidad dentro del matrimonio.

*NEGAMOS que cualquier afecto, deseo o compromiso justifiquen las relaciones sexuales antes o fuera del matrimonio; ni tampoco pueden invocarse como razones para justificar cualquier forma de inmoralidad sexual.*

(DENVER) **AFIRMAMOS que Dios nos creó como seres sexuales en infinita variedad.**

*NEGAMOS que el único tipo de expresión sexual que puede ser considerado santo sea entre parejas casadas, cisgénero, heterosexuales, que esperaron hasta que se hubieran casado para tener relaciones sexuales Pero si encajas en ese grupo, bien por ti, nosotros no tenemos ningún problema con tus elecciones de estilo de vida.*

(NASHVILLE) AFIRMAMOS que Dios creó a Adán y Eva, los primeros seres humanos, a su propia imagen, iguales ante Dios como personas, y distintos entre sí como hombre y mujer.

*NEGAMOS que las diferencias divinamente ordenadas entre hombres y las mujeres los hacen desiguales en dignidad o valor.*

(DENVER) **AFIRMAMOS que Dios creó a Adán y Eva, los primeros seres humanos, en la imagen varón/hembra** de Dios, y que todos los seres humanos comparten esta imagen de Dios en común, pero la expresan de manera diferentes en cuerpo y espíritu.

*NEGAMOS que nosotros como seres humanos podamos concebir plenamente la gloria de la imagen de Dios o creer con razón absoluta que el lenguaje puede definir sus límites. Por lo tanto, negamos que aquellos que no se ajustan a las normas de género de la sociedad están fuera de algún tipo de "plan divino".*

(Nashville) AFIRMAMOS que el concepto que el ser humano tiene de sí como varón o hembra será definido por los propósitos santos de Dios en la creación y la redención tal como se revela en las Escrituras.

*NEGAMOS que adoptar un concepto de sí como homosexual o transgénero sea consistente con los santos propósitos de Dios en la creación y la redención.*

(Denver) AFIRMAMOS que ya no hay hombres ni mujeres, sino que todos son uno en Cristo Jesús nuestro Señor.

*NEGAMOS cualquier concepto de sí que suponga que uno es capaz de conocer los santos propósitos de Dios para otras personas, y que tales conceptos de sí pueden ser consistentes con el Evangelio de gracia, amor y misericordia como se demuestra en las sagradas escrituras.*

(Nashville) AFIRMAMOS que el pecado distorsiona los deseos sexuales alejándolos del pacto matrimonial y hacia la inmoralidad sexual: una distorsión que incluye tanto la inmoralidad heterosexual como la homosexual.

*NEGAMOS que un patrón duradero de deseo de inmoralidad sexual justifique el comportamiento sexual inmoral.*

(Denver) **AFIRMAMOS que el pecado distorsiona todos los aspectos de la vida humana.**

*NEGAMOS que los seres humanos puedan escapar del pecado simplemente defendiendo una doctrina o estilo de vida en particular.*

(Nashville) AFIRMAMOS que es pecado aprobar la inmoralidad homosexual o transgénero y que tal aprobación constituye un alejamiento esencial de la fidelidad y el testimonio cristianos.

*NEGAMOS que la aprobación de la inmoralidad homosexual o transgénero sea una cuestión de indiferencia moral sobre la cual los cristianos fieles deberían estar de acuerdo en no estar de acuerdo.*

(Denver) **AFIRMAMOS que Cristo nos ha liberado para la libertad, y aunque creemos en la inclusión completa de todas las personas en el cuerpo de Cristo (no podemos hacer otra cosa, esa es nuestra postura), no podemos atar la conciencia de otros cristianos.**

*NEGAMOS que sea pecaminoso aprobar identidades queer y que dicha aprobación constituya una desviación esencial de la fidelidad y testimonio cristianos.*

(Nashville) AFIRMAMOS que la gracia de Dios en Cristo permite a los pecadores abandonar los conceptos que se tengan del ser humano en tanto transgénero y, por paciencia divina, aceptar el vínculo ordenado por Dios entre el sexo biológico y la autoconcepción de uno como varón o hembra.

*NEGAMOS que la gracia de Dios en Cristo sancione las concepciones del ser humanos que están en desacuerdo con la voluntad revelada de Dios.*

(Denver) AFIRMAMOS que la gracia de Dios en Cristo permite a los pecadores abandonar los prejuicios y ver tales prejuicios como los nuestros y no como los de Dios.

*NEGAMOS que la gracia de Dios en Cristo sancione afirmaciones autojustificadoras de un conocimiento absoluto de la voluntad de Dios.*

(Nashville) AFIRMAMOS que Cristo Jesús entró al mundo para salvar a los pecadores y que, a través de la muerte y la resurrección de Cristo, el perdón de los pecados y la vida eterna está disponible a toda persona que se arrepiente del pecado y confía en Cristo como único Salvador, Señor y tesoro supremo.

*NEGAMOS que el brazo del Señor se haya acortado para salvar o que cualquier pecador esté fuera de su alcance.*

(Denver) AFIRMAMOS que Cristo Jesús vino al mundo para salvar a los pecadores y que a través de la muerte y resurrección de Cristo el perdón de pecados y la vida eterna están disponibles para cada persona. Este es un tesoro supremo.

*NEGAMOS que Dios sea un muchacho y que tenga brazos reales.*[3]

---

[3] Son 14 artículos en total, y después de una hora y media de trabajo... ya estábamos cansados

# 6

# LA SILLA MECEDORA

Creo que sabemos que antes de que el Señor soplara su aliento de vida en Adán, el hombre ya tenía un corazón, ya tenía un cerebro con vasos sanguíneos, y esos vasos y ese corazón estaban llenos de sangre como los vasos y el corazón de un feto están llenos de sangre. Sin embargo, Adán no se convirtió en un alma viviente hasta que el Señor no hubo soplado en él aliento de vida.

—Robert L. Pettus Jr., MD, As I See Sex Through the Bible, 1973.

"Si prefieres mantequilla de maní crujiente, ve al otro lado de la sala", dijo uno de mis colegas consejeros del campamento.

Un grupo de unos sesenta preadolescentes se fue formando en grupos más pequeños mientras caminaban por el piso desgastado de madera de la sala de juegos del campamento de verano. Reían y se chocaban intencionalmente el uno con el otro. Un chico pelirrojo larguirucho saludó a otro de raza mixta que llevaba una gorra de béisbol, chocando sus manos en el aire. "Sí, así es. Lo cremoso apesta", dijo.

Tan pronto como los estudiantes se acomodaron, el consejero dio otra consigna: "Si alguna vez te hiciste el loco para no hacer tu tarea, cruza el salón". Los estudiantes se rieron y se ordenaron nuevamente. Entre los niños que se hacían los avispados estaban los que ya te imaginabas, pero también hubo algunas sorpresas. Nadie se esperaba que Jessica fuera una de ellos. Por eso esta actividad fue excelente.

A partir de ahí, las consignas se volvieron más arriesgadas. "Si tus padres están divorciados, cruza la sala". Los saludos chocando las manos en alto se detuvieron cuando unos doce chicos se dirigieron a la pared del fondo.

En los grupos más pequeños que se formaban a medida que avanzaba la actividad —los niños que habían tenido cáncer o que habían sido lastimados físicamente por otra persona— los estudiantes se tomaron de las manos. *Tu y yo. Compartimos algo que los demás no. Puede que solo seamos dos, pero me alegro de no estar solo.*

Pasé todos los veranos de mis primeros veinte años liderando actividades como esta en un pequeño campamento hippie en Massachusetts.

La imagen de caminar por una habitación para unirme a otros como yo nunca se fue de mi mente. Sucederían eventos —dañar mi motocicleta, romperme el corazón, robar comestibles cuando no tenía un centavo para pagarlos— y me vería cruzando la antigua sala de recreación del campamento hacia un grupo de personas a quienes les habían sucedido esas mismas cosas, y me consolaba. Era como jugar Red Rover, en la que dos filas de chicos nos lanzamos una contra otra, pero emocional.

Más tarde, cuando les dije a mis padres que ya era sobria cuando, en realidad, no lo era, en mi mente escuché que un joven consejero sonaba su silbato y decía: "Cruza la sala si alguna vez has mentido acerca de tu bebida". En mi mente me arrastraba para unirme a mi gente. Caminando de regreso a mi apartaestudio a un paso de Colfax después del último día de un empleo que necesitaba pero que no me gustaba y que nunca quise, volví a escuchar al consejero: "Cruza la sala si alguna vez te despidieron". Y luego vino el día en que no me llegó el período. Escuché al consejero decir: "Cruza la sala si alguna vez tuviste que pedir prestados $300 para hacer lo que nunca pensaste que harías, lo que te destruiría y, al mismo tiempo, te salvaría".

Mientras cruzaba en mi mente el salón de entretenimiento del campamento de verano, me imaginé caminando junto a las mujeres ricas y las mujeres afortunadas y las mujeres buenas, y finalmente terminé en el último grupo al que pertenecía: las mujeres que no tenían $300. La membresía en este grupo nunca se revoca, ni siquiera más adelante en la vida, no se revoca mucho después, cuando ya tienes un trabajo real y siempre cuentas con $300 para lo que necesites. Así como nunca serás el niño cuyo padre se fue cuando tenías diez años o el niño que pasó derecho al 4.º grado sin tener que hacer el 3.º, de igual manera nunca dejarás de ser la chica que tuvo que pedir prestados los $300.

Solo llevaba trabajando en el *call center* de atención psíquica dos semanas cuando me di cuenta de que mi período estaba retrasado. Yo no estaba calificada para el trabajo, no contaba con ninguna habilidad especial para ver el futuro, ni clarividencia ni segunda visión. Nada de eso. Lo que sí tenía una tarde en la que el viento soplaba fuertemente, cuando me topé con una amiga de tiempo atrás en la calle, era una cuenta bancaria vacía y un locatario impaciente.

"¡Morgan!". Grité su nombre con alegría y abracé a mi excompañera de cuarto y de trabajo. "Ha pasado una eternidad. ¿Sigues de mesera en *Pegasus*?".

"No". Se apartó de la cara los rizos de cabello marrón. "Ahora trabajo en una línea telefónica psíquica".

"¡No puede ser! Madame Cleo", le dije, asumiendo que estaba bromeando.

"No. De verdad", dijo. "Es tan fácil. Mira, tu bien podrías". Es curioso, una semana antes, una amiga que se desnudaba en *PT's Topless* me había dicho lo mismo.

Morgan ahuecó su mano alrededor de un Marlboro Light y lo encendió con maestría, a pesar del viento.

Compartimos el cigarrillo y vimos a los peatones cruzar la calle 13 sin molestarse de ir hasta la esquina mientras ella me contaba sobre su trabajo.

"Básicamente siempre están contratando, y la entrevista consiste en solo hacerle una 'lectura' a la gerente", dijo Morgan. "Te puedo decir exactamente qué decir. Ella se divorció hace dos años y sigue saliendo con idiotas, así que solo habla de eso y te amará. Menciona algo sobre el tiro con arco y ella te contratará en el acto. Está obsesionada". Morgan me devolvió el cigarrillo a medio fumar. "Viéndolo bien, ese es el trabajo. Averiguar qué quiere escuchar la gente".

Después de una semana de intentar aprender las cartas del tarot, decidí que era eso o desnudarme. Pero desnudarme exigía bronceado, afeitado y dietas. Ambos trabajos requerían una idea del deseo, pero podía leer las cartas del tarot en pijama, por lo que la elección parecía obvia. Llamé a la jefa de Morgan y fijé un horario para la lectura de prueba.

No había nada sobre el rascacielos ubicado en el centro de Denver que indicara que un centro de atención psíquica ocupaba el noveno piso. Sin bola de cristal de neón, sin ningún aviso de "Llama a 1-800...". Incluso cuando salí del ascensor y entré a una granja de cubículos, el único indicio de lo sobrenatural era un espacio de trabajo muy decorado. Stacy, una mujer de mi edad que había sido asignada para mostrarme los alrededores, hizo un gesto hacia el cubo de cuatro por cuatro que parecía que la banda de rock *Grateful Dead* había instalado su propio pabellón en una feria renacentista.

"Ese es el cubículo de Monique", dijo Stacy. "Ella ha estado aquí desde siempre, realmente cree en sus 'poderes' y hace que la empresa gane mucho dinero. De todos modos, a usted se le va a asignar un escritorio vacío y un teléfono cada día cuando comience su turno".

Pero resultó que yo no era Monique. No creía en mis poderes, y había sobreestimado mi habilidad para manipular a las personas por dinero. Supuse que sería lo mismo que fingir que me gustaban los clientes a los que atendía en un restaurante, pero sonreír a cuatro mujeres de mediana edad que habían pedido solo agua y sopa era una cosa; mantener en línea más tiempo de lo que probablemente podría permitirse a un hombre de edad mediana, triste y recién divorciado era otra. *Cruza la sala si alguna vez ganaste dinero haciendo algo deshonesto.* Ese primer cheque fue pequeño, pero mi renta estaba vencida. Dos semanas después me di cuenta de que mi período estaba retrasado.

Cuando tenía trece años tuve un bebé. No era mío, sino de un extraño.

Stephen se convirtió en mío la primera noche que mi familia lo trajo a casa. Era un bebé que buscaba ser dado en adopción y nunca quise que nadie más lo abrazara. A veces lo desenvolvía de las mantas que la agencia de adopción nos había dado solo para sentir el calor de su piel de bebé junto a la mía.

Mi madre, Peggy, me advirtió que no me apegara demasiado, ya que no podíamos retenerlo, pero eso no valió de nada. Me apresuraba para regresar a casa después de la escuela, esperando que Stephen se hubiera despertado de su siesta.

"No lo despiertes solo para abrazarlo", decía Peggy. Más tarde ella me encontraba en mi habitación, un bebé soñoliento en mis brazos delgados y jóvenes.

"Ya estaba despierto", solía mentir. Él era mi bebé.

Nuestra casa fue un hogar de paso para Stephen durante un momento difícil en mi vida. Yo me sentía alejada básicamente de todo, excepto de mi gato y de Stephen. Alzar a ese pequeño bebé tan perfecto en mis brazos me hacía sentir profundamente humana y conectada y libre de cualquier tipo de juicio o dedo acusador sobre mí. Hasta el día de hoy, cada vez que alzo a un bebé siento que me está dando una vez más una bendición de inocencia, de lo que es posible, un momento en el que estoy libre del cinismo. Los bebés me recuerdan que hay esperanza. Me ministran de una manera que nada más puede hacerlo. Son un amor preverbal. Sacerdotes primordiales envueltos en algodón.

Le dije a mi madre que yo quería conservarlo para mí porque lo amaba. Pero también quería retenerlo para que me amara. Ambas cosas eran ciertas, pero solo dije una.

"No te apegues demasiado", solía repetir ella. Pero yo me ofrecía para calentar sus biberones y para mezclar la fórmula y alimentarlo, solo para poder sentir su peso perfecto en mis brazos, para escuchar su sonido rítmico mientras succionaba el tetero. Sabía que mi madre me miraba preocupada. Se paraba a poca distancia y evaluaba cómo me veía, su hija enfermiza, todavía sudorosa de su regreso a casa desde la escuela, sosteniendo a este bebé perfecto y saludable.

Yo, la bebé de Peggy, nací prematura, con un color naranja y tuve necesidad de tres transfusiones de sangre inmediatas. No debí haber sido concebida, mucho menos haber nacido viva. Peggy había estado tomando anticonceptivos y también su factor RH era un problema, una condición que hace que el cuerpo de una madre reaccione al bebé que crece dentro de ella. Hoy en día hay una sola inyección que se puede administrar a las mujeres con su condición que garantiza que sea seguro continuar el embarazo y dar a luz a un bebé. Pero en la década de 1960, las mujeres con factor RH generalmente podían contar con tener un solo bebé sano, porque la afección empeoraba con cada parto posterior. Un bebé era una bendición. Dos era improbable. Tres apenas era posible.

Peggy tenía dieciséis años cuando, en un picnic de la iglesia en una fría tarde de verano, vio a un hombre alto, dolorosamente delgado, con cabello negro y ojos azul claro. Peggy se casó con Dick Bolz la semana que cumplió dieciocho años. A los pocos meses se habían mudado a Alemania para su primera asignación en la Fuerza Aérea de Estados Unidos. Ella tenía diecinueve años cuando nació mi hermana mayor, Barbara, y pronto tiraron los dados para un segundo bebé: un niño, Gary, que llegó dieciocho meses después de que se mudaran a Texas. Cuando ella alzó a su segundo hijo, un bebé sano, en sus propios brazos, el médico del hospital militar de San Antonio le dijo: "Peggy, ahora debes estar siempre en control de natalidad. Siempre".

Pasaron cuatro años, y luego no le llegó el período.

Me encanta imaginarla alzándome en el hospital militar de Pensilvania, con mi color fresco durante unas horas después de que la sangre de un extraño reemplazara la mía. A Peggy le gusta contar la historia de cómo cuando tenía un día de edad y los médicos aún no sabían si yo viviría, una enfermera particularmente mandona le había dicho que no debía darme el pecho. "No va querer que le salga leche cuando probablemente no tendrá un bebé que amamantar", le había dicho a Peggy.

Dos días después, cuando viví más de lo esperado y mi madre todavía me estaba amamantando, la misma enfermera la regañó: "Simplemente vas a enfermar a ese bebé aún más", a lo que Peggy, llena de fe, oración y pura voluntad, levantó la cabeza y dijo: "Eso no me suena bien", y me cambió de un seno al otro.

En el camino a casa desde el hospital, mi madre le preguntó a mi padre si podían detenerse en una tienda de antigüedades que a ella le gustaba, la que estaba en ese viejo granero. Unas semanas antes, había visto una mecedora de las que tiene patas curvas que se extienden muy por detrás colgada de la pared.

Los brazos de Peggy descansaban perfectamente en la silla, y como yo ya tenía hambre otra vez, ella se sentó en el acto, empujándose más atrás que en cualquier mecedora, y me amamantó en esa tienda de antigüedades debajo de la manta del hospital. Mis padres compraron la silla y se la llevaron a casa.

Cuando niños, a mis hermanos y a mí nos encantaba decirles a nuestros invitados que probaran esa mecedora, sabiendo que entrarían en pánico pues sentían como si fueran a dar la vuelta completa. Pero eso nunca pasó. Simplemente se sentía así.

Un día, después de mezclar y calentar la fórmula de Stephen y dejar caer algunas gotas sobre mi antebrazo para verificar la temperatura, senté mi huesudo trasero en esa mecedora crujiente. Peggy se sentó frente a mí en el sofá de terciopelo dorado y observó mientras yo le daba de comer al bebé. Mis brazos de doce años cayeron entre los de la silla, demasiado cortos para descansar sobre ellos directamente, y besé los pequeños pies del bebé mientras él chupaba con satisfacción su biberón.

Peggy nos sonrió. "Ella era tan desinteresada", dijo, claramente esperando que le preguntara a qué se refería.

"¿Quién?", pregunté, cediendo.

"La madre biológica de Stephen. Nunca la juzgues por haberlo entregado, Nadia. Esa fue una decisión piadosa".

Ella me había dicho eso más de una vez, eso de cuán noble había sido la decisión de la madre biológica de Stephen, cuán desinteresada. Había pensado en su bebé y en quienes serían sus padres adoptivos antes de pensar en sí misma.

Varias semanas después, llegó finalmente la tarde cuando vine a casa de la escuela y encontré a mi madre sosteniendo a Stephen y una pequeña bolsa de pañales en sus brazos. Una maleta a su lado proclamaba traición.

"¡Lo adoptaron!", dijo ella, como si fuera algo para celebrar.

Le supliqué que se quedara con él. Rogué. "Haré todo el trabajo, lo prometo". ¿Quiénes eran esas personas que presumían ser sus padres? No lo amaban como yo. Nadie lo amaba. Él era mi bebé.

En ese momento me faltó el desinterés que Peggy había elogiado en la madre biológica de Stephen, y me faltó once años después, cuando estaba embarazada sin querer estarlo. *Si fuiste lo suficientemente desinteresada como para entregar a un niño en adopción, cruza la sala*. La madre de Stephen podía pasar adelante, pero yo sabía que yo no.

Si no podía renunciar al bebé de otra persona, nunca podría haber renunciado al mío. Y si no podía renunciar a un bebé y no podía tener un bebé, entonces no podría tener un bebé. Tenía la misma edad que mi madre cuando no le vino su período, cuando debía hacerlo. Pero a los veinticuatro años *yo* no estaba casada y con dos hijos. Estaba soltera, tan solo dos años limpia y sobria, y ganando apenas $800 al mes como "psíquica". Ni siquiera había ido donde el odontólogo en seis años. Yo hubiera sido una desastrosa madre soltera. Amaba demasiado a mi novio, pero él no me amaba lo suficiente, y aunque por un momento pensé que tal vez nos casaríamos y comenzaríamos una vida real, eso no fue lo que sucedió.

Stacy en el *call center* me había dado el nombre y el número de un médico al que ella misma había ido el año anterior después de que una noche de embriaguez hiciera las veces de algo permanente. "Es un médico bueno", dijo, "pero no exactamente cálido".

Fue así como me convertí en la chica que tuvo que pedir $300 prestados para hacer lo que nunca pensó que haría.

La mañana después del aborto, yo estaba acostada sobre el colchón delgado en la esquina de mi estudio. El colchón provenía de otro mueble, un sofá cama pequeño y manchado que ahora se hundía en el suelo cada vez que te sentabas en él. El sofá parecía sólido, pero su interior ya se había extinguido. Era un cuerpo hecho solo de piel y aire.

Mi novio, Eric, que había sido cariñoso, afectuoso y comprensivo durante todo ese drama, había salido momentos antes para su trabajo como repartidor de pizzas. Sin embargo, de repente llamaron a mi puerta. Me levanté del colchón. Era mi amiga Claire, una neozelandesa que se había quedado más tiempo de lo permitido por su visa y sobrevivía con el dinero que podía ganar: cocinando, cosiendo y creando todo tipo de belleza a partir de retazos.

"Pensé que podrías necesitar algunas cosas", dijo cuando abrí la puerta. Ella me entregó una canasta forrada con una pañoleta *vintage* para damas y relleno de pan fresco, sopa casera, una barra de chocolate negro y dos mandarinas perfectas.

Claire ya me había visitado varias veces antes, y por eso no pensé que fuera necesario advertirle nuevamente de la probabilidad de ser tragada por mi sofá. Y así, este dulce y enriquecedor momento de profunda amistad fue acentuado por el flaco trasero de Claire golpeando el suelo. Sus rodillas y su torso se encontraron como si fueran las dos portadas de un libro de tapa dura.

Rompimos a reír con en el tipo de risa que solo las personas tristes pueden manejar.

Cuatro años después, cuando estaba en trabajo de parto dando a luz a Harper y asustada por el dolor y la impotencia, me tranquilicé repitiendo las palabras "Todos los humanos. Todos los humanos". Era algo en lo que había pensado mucho durante mi embarazo. Todo humano representa un embarazo y un nacimiento. Lo que me estaba sucediendo a mí y a mi cuerpo me parecía extraño, violento. Pero las mujeres han estado pariendo, dando a luz a sus bebés desde el principio de los tiempos, y esa noche me uní a ellas. Me esperaban al otro lado de este emotivo juego Red Rover.

Mi bebé también había estado esperando. El bebé que sí podría conservar. El que amamantaría en la mecedora antigua de Peggy, aunque a veces entrara en pánico, pensando que podría volcarme.

...

A veces hago los cálculos. ¿Qué edad tendría la criatura si yo hubiera elegido de manera diferente? Es simple: agrega cuatro años a la edad de Harper, o seis a la de Judah.

Mi elección me destruyó por un tiempo, aunque no porque pensara que había cometido un pecado horrible o porque me sintiera avergonzada. Fue porque sabía que habría amado a ese bebé. Eso es verdad. Pero más de una cosa puede ser cierta a la vez, y lo que también es cierto, profundamente cierto, es que incluso después de tener hijos, incluso después de llegar a ser pastora, ni una sola vez por un minuto me he arrepentido de mi elección. Fue la decisión correcta.

Cuando Harper nació y la alcé y escuché su pequeño aliento, me hizo pensar en Dios. Cuando los bebés emergen de la sangre y el aceite del útero de su madre, cuando su piel toca el aire por primera vez, la sensación de frío abre su nueva boca. Y si quieren vivir, deben respirar en sus pequeños pulmones, esos sacos de emplumadas alas delicadas con vasos sanguíneos.

En algunas tradiciones musulmanas, lo primero que escucha un bebé recién nacido es el nombre de Dios, susurrado al oído derecho del niño por su padre. Me gusta pensar en esto como una forma de reforzar quiénes son y de quién vinieron. Quizás susurrarle el nombre de Dios a un bebé que acaba de salir del útero es una manera de decir que el aliento que el bebé acaba de tomar es el aliento de Dios, que es de esa misma fuente divina que el bebé ha venido a nosotros. y es a esa fuente divina que el bebé regresará después del último aliento.

Los rabinos han escrito durante mucho tiempo que el alma entra al cuerpo al nacer, con el primer aliento. Porque el aliento es el regalo de la vida de quien nos creó. Del Dios que es tanto nuestro origen como nuestro destino. Y en la Biblia hebrea, YHWH (o Yahweh) es el nombre de cuatro letras de Dios, demasiado santo para ser pronunciado, por lo que en nuestras Biblias simplemente se reemplaza con "Señor".

Pero algunos rabinos enseñan que Yahweh ni siquiera es una palabra en absoluto. Dicen que es literalmente el sonido del aliento mismo, lo que tiene sentido, ya que la traducción más cercana de su significado es "Aquel Que Hace Que Todo Se Convierta". "Y Dios el Señor formó al hombre del polvo de la tierra, y sopló en su nariz hálito de vida, y el hombre se convirtió en un ser viviente" (Génesis 2: 7).[1]

---

1 Richard Rohr, *The Naked Now: Learning to See as the Mystics See* (Chicago: Crossroad, 2009), cap. 2.

Inhale, *sí*. Exhala, *ajá*. Inhala, *sí*. Exhala, *ajá*.

Terminé de escribir un borrador de esta historia sobre el embarazo y los bebés y la mecedora de mi madre cuando era parte del cuerpo docente en un remoto centro luterano de retiros en el estado de Washington. Era verano. Harper iría a la universidad en el otoño, y Judah estaba a punto de comenzar un curso de aprendizaje de tres años, así que aprovechamos la oportunidad para pasar una semana juntos en un lugar que amamos.

Cuando Harper terminó de leer el borrador, me abrazó y asintió a sabiendas. Luego nos dirigimos cuesta abajo desde nuestra cabaña hasta la sala junto a la chimenea, donde yo iba a participar en un foro semanal de profesores, un momento en el que el personal docente del centro de retiros se reúne para discutir la amplia gama de temas de los que habíamos hablado en los días anteriores. Alrededor de treinta y cinco personas estaban frente a nosotros para escuchar y hacer preguntas.

Por la siguiente hora, hablamos sobre ecología, liturgia, teología y el conflicto en Irlanda del Norte. Luego, ya tarde en el foro de la facultad, un hombre de unos setenta años alzó su voz. "Solo hay una cosa que nadie mencionó esta semana, algo que es supremamente importante para mí".

Pensé con sarcasmo: *Tú sabes que hay muchos temas en el mundo, ¿verdad? Al igual, nunca mencionamos viajes espaciales o tortugas marinas o mollejas de pollo.*

Él continuó, de todas maneras. "Alrededor de un millón de estadounidenses han muerto en combate desde que se fundó este país. Y tenemos días en los que los recordamos y los honramos". Su esposa, que estaba sentada a su lado, le dio un codazo suave en el costado, como una advertencia a la que decidió no prestarle atención.

"Pero cientos de miles de estadounidenses mueren cada año y nadie se da cuenta", continuó. "Son asesinados. Asesinado en el útero. ¿Por qué no hablamos de eso?".

Para mí, en ese momento, fue luchar o huir. Identifiqué la puerta de salida más cercana. Si no me hubiera tomado un momento para orar pidiendo ayuda, habría salido de la habitación o cometido un asalto agravado contra un hombre de setenta años.

En cambio, con mi voz más mesurada, hablé. "Señor, el hecho es que muchos de nosotros tenemos una opinión que los cristianos y los judíos han mantenido durante mucho, mucho tiempo, y es que, según la historia de la creación en Génesis, la vida comienza con la respiración. Así que no arroje sus acusaciones de asesinato a aquellos cuya premisa es muy diferente a la suya".

Inhalé tan profundamente como pude, lo cual no fue tan profundo porque yo estaba enojada. Entonces dije algo que nunca había dicho en público. "Y ¿sabe qué? Tuve un aborto cuando tenía veinticuatro años".

Luego conté la historia que había escrito justo ese día, sobre cómo amo a los bebés y que elegir no tener uno me había destruido por un tiempo y sin embargo nunca me había arrepentido porque sabía que era la decisión correcta para mí.

Miré alrededor de la habitación y noté el lenguaje corporal de las mujeres, lo tensas, tristes y enojadas que parecían muchas de ellas. Pero sospechaba que no era por lo que había dicho. Agregué: "Si te lastimó algo que se dijo hoy aquí en esta sala, lo siento mucho. Y si también has tenido un aborto y te gustaría hablar de ello, me encantaría escuchar tu historia".

Estuve despierta hasta la medianoche.

Un grupo de mujeres nos dirigimos cuesta arriba hacia

el comedor, nos preparamos tostadas y tazas de té de hierbas y hablamos de nuestra ira por el comentario del hombre. Nos reímos por horas, bebimos té y contamos nuestras historias sobre el sexo y nuestros cuerpos y el embarazo. Fue la mejor parte de la semana para mí.

Mientras volvía a mi cabaña, otra mujer se me acercó, como si hubiera estado esperando hasta que yo estuviera libre.

"Yo tenía veinte años", fue todo lo que dijo.

Le di un abrazo y le dije: "Gracias por decírmelo".

Ella lloró y yo esperé. "Fue hace veintidós años y nunca se lo he dicho a nadie. Ni a mi esposo, ni a mamá, ni a mis amigas. A nadie".

Cuando le pregunté por qué, ella simplemente dijo: "Creo que nunca sentí que me invitaran a contarlo".

Le agradecí nuevamente, la abracé otra vez y la invité a pensar en contar su historia a algunas personas más.

Luego volví a subir la colina y le envié un mensaje de texto a mi novio, contándole lo que acababa de pasar. Ya habíamos estado juntos durante casi un año. También estuvimos juntos una vez, cuando tenía veinticuatro años. Se llama Eric. Solía entregar pizzas.

# CÓMO FUE QUE EL ABORTO PASÓ A LA AGENDA POLÍTICA EVANGÉLICA: UNA HISTORIA

En 1968, *Christianity Today*, la revista insignia de los evangélicos conservadores, publicó un artículo especial sobre el control de la natalidad. El artículo citaba a Bruce Waltke, profesor del famoso y conservador Seminario Teológico de Dallas, quien dijo que la Biblia enseña claramente que la vida comienza desde el nacimiento, no desde la concepción.

"Dios no considera al feto como un alma, no importa cuánto haya progresado la gestación", afirmó Waltke. "La Ley exige claramente: 'el que la quite la vida a otros ser humano será condenado a muerte' (Levítico 24:17). Pero según Éxodo 21: 22-24, la destrucción del feto no es un delito capital... Claramente, en contraste con la madre, el feto no es considerado como un alma".[2]

Luego, el médico Jonathan Dudley escribió un artículo de opinión para Belief, el blog de CNN, en el que señaló que ese

---

[2] Y en 1973, Robert L. Pettus Jr., un médico, escribió un libro titulado *As I See Sex Through the Bible*, basado en una serie de clases que enseñó para su congregación de la Iglesia de Cristo en Madison, Tennessee. Pettus utilizó minuciosamente las escrituras para determinar la respuesta a las preguntas sobre sexualidad y roles de género, la mayoría de las conclusiones se adhieren al pensamiento cristiano conservador del momento. Pero al discutir lo que la Biblia dice sobre el aborto, él llegó a la conclusión de que un feto no tiene alma porque fue con la respiración que Dios le dio vida a Adán.

punto de vista era el "consenso entre los pensadores evangélicos en ese momento".³

Te puedes preguntar qué cambió. Bueno, la Biblia no, eso es seguro. En 1969, varias familias negras en Mississippi presentaron una demanda contra las escuelas cristianas privadas que habían excluido a los estudiantes negros. Eso fue lo que cambió.

¿Cómo se relaciona esa demanda con las opiniones sobre el aborto? Cuando llega a la Derecha Religiosa, la historia original comúnmente sostenida es que, en 1973, los evangélicos estadounidenses se despertaron de su malestar político como respuesta a *Roe vs. Wade*. Es una historia convincente, pero no es del todo cierta.⁴ El problema que originalmente galvanizó a los votantes evangélicos cristianos fue uno de "libertad religiosa", es decir, la libertad para que las instituciones cristianas siguieran siendo profundamente racistas.

Nueve años antes de la demanda contra las políticas racistas de admisión de las escuelas cristianas en Mississippi, Bob Jones Sr., un evangelista y el fundador de la universidad que lleva su nombre, afirmó en un discurso de radio que la segregación racial fue ordenada por Dios y que oponerse a la segregación era oponerse a Dios y al "plan de Dios" para la humanidad.⁵ No sería sino hasta 1971, cuarenta y cuatro años después de su fundación, que la Universidad Bob Jones admi-

---
3 Jonathan Dudley, "My Take: When Evangelicals Were Pro-Choice", Belief blog, CNN, 20 de octubre de 2012.
4 Randall Balmer, *Thy Kingdom Come: How the Religious Right Distorts Faith and Threatens America* (New York: Basic Books, 2006), Kindle ed., loc., 263-470.
5 Daniel Turner, *Standing Without Apology: The History of Bob Jones University* (Greenville, SC: BJU Press, 2001), 225, 369.

tiría a su primer estudiante afroamericano e incluso entonces solo porque el gobierno federal hizo sentir su mano. [6] Ese año, la Corte Suprema de Estados Unidos dictaminó en *Coit vs. Green* que a las instituciones de educación privadas se les negará el estado de exención de impuestos si mantienen una política de discriminación racial.

Paul Weyrich, fundador del grupo de expertos conservadores *The Heritage Foundation* y uno de los arquitectos de la Derecha Religiosa, quería reunir a los cristianos estadounidenses como una fuerza moral en el escenario político estadounidense de la década de 1970. Tras haberse movilizado para defender la Universidad Bob Jones y sus políticas racialmente discriminatorias, él y varios otros líderes evangélicos convocaron una conferencia telefónica para discutir su estrategia en el futuro. La conversación es detallada por Randall Balmer, historiador de la U. de Dartmouth, en su libro *Thy Kingdom Come*:

> *Alguien indicó... que tenían los ingredientes para conformar un movimiento político más amplio —algo en lo que Weyrich venía insistiendo todo el tiempo— y pregunté qué otros problemas podrían abordar. Varias personas que llamaban hicieron sugerencias y, luego, según Weyrich, una voz al final de una de las líneas dijo: "¿Qué tal el aborto?". Y así fue como el aborto fue incrustado en la agenda política de la derecha religiosa.*[7]

Después de manifestarse para defender la libertad religiosa para que las instituciones cristianas conservadoras pudieran seguir siendo racistas y, al mismo tiempo, pudieran mantener el estatus de exención de impuestos, una pequeña

---

6 No fue sino hasta el año 2000 que el noviazgo interracial fue prohibido en el campus de Bob Jones University.

7 Balmer, *Thy Kingdom Come*, Kindle loc., 481-532.

coalición de líderes evangélicos quiso mantener el impulso y decidió que el tema que podría construir su movimiento era el del aborto. Ese fue el día en que los evangélicos comenzaron a cambiar su mente en relación con lo que dice la Biblia sobre cuándo comienza la vida.

Son tantas las experiencias diversas de concepción y embarazo. Algunas de nosotras anhelamos concebir y nunca lo hacemos; otras tuvimos bebés que no queríamos; algunas más abortamos los bebés que deseábamos desesperadamente. Cómo cada persona experimenta la concepción y el embarazo difiere según sus circunstancias, creencias y deseos.

Al recordar esta historia —cuando los cristianos creían originalmente que la vida comenzaba al nacer y que el movimiento provida fue ideado por motivaciones políticas— no deseo menoscabar ni invalidar la experiencia o perspectiva particular de nadie. Solo deseo expresar que si el argumento evangélico sobre el aborto prevalente —que la Biblia es "clara" en que la vida comienza en la concepción o en el útero, de manera que cualquiera que sea verdaderamente cristiano debe, por lo tanto, creer lo que los buenos cristianos "siempre" han creído, que el aborto es asesinato— ha creado vergüenza dentro de ti, o si te previno de interrumpir un embarazo que desearías haber podido terminar, si te causó daño a ti misma o a otras o si te ha impedido votar siguiendo tu conciencia, quiero que conozcas la historia desde esta posición. Y quiero que seas libre, porque hay muchas formas de ver el problema y permanecer fiel. Hay muchas maneras de leer las escrituras y permanecer fiel. Hay muchas maneras de permanecer fiel.

# 7

# LA CHIMENEA

"Recuerdo que en el grupo de jóvenes tenían esta metáfora sobre el fuego que usaban todo el tiempo", dijo, entrecerrando los ojos en la luz del sol después de haber salido de *Hooked on Colfax*.

"¿La chimenea?", pregunté, expresando desánimo con mis ojos.

Él solo se rio, sacando las llaves de su auto. "Exactamente".

Trent acababa de pasar una hora describiendo lo que aprendió de su iglesia siendo niño: cómo la única forma de agradar a Dios, el mismo ser que, para comenzar, lo había creado con una sexualidad, era no comprometerse en absoluto con su naturaleza erótica. Como si el Dios del Universo hubiera programado en la creación una prueba pasivo-agresiva de nuestra fuerza de voluntad.

Él es solo una de las muchas personas que me han contado historias de enseñanzas manipuladoras de grupos juveniles sobre el peligro del sexo, enseñanzas que recibieron en lugar de una educación sexual integral.

Primero, la rosa que se pasa alrededor en círculo, que representa la virtud sexual de una chica. Cada muchacho del grupo tira un pétalo para que, al final, su marido solo tenga un vástago seco. Luego viene el vaso de agua en el que cada persona escupe, y al último se le pregunta si quiere beber ahora que los fluidos corporales de todos los demás se mezclan con el agua. Y luego está la metáfora del fuego.

"El fuego", les dicen a los chicos los defensores de la abstinencia, "puede ser seguro, cálido y reconfortante, pero solo cuando lo contienes. Enciende el fuego fuera de la chimenea y se consumirá todo a su alrededor. El sexo funciona de la misma manera. Si no lo limitas a la 'chimenea' del matrimonio cristiano monógamo, heterosexual y de toda la vida, te quemará y destruirá todo en tu vida".

Aquí está el punto. No voy a negar que el sexo es diferente al fuego. Es una metáfora adecuada. Sin embargo, el fuego es una parte esencial de la existencia humana. Es peligroso, sí, pero no es inmanejable. Hay chimeneas, bien. Pero el fuego también aparece en los encendedores Bic. Y en estufas de gas, y en calentadores de agua caliente, y en aros en los campamentos, y en mil millones de velas de pasteles de cumpleaños. Sin mencionar el sol.

Conducir es peligroso, por lo que enseñamos a nuestros hijos todo lo que podemos al respecto y luego les entregamos las llaves. Cortar verduras es peligroso, por lo que les enseñamos a nuestros hijos a sostener un cuchillo y doblar los nudillos de manera adecuada. Las amistades son peligrosas, por eso les enseñamos a nuestros hijos sobre la generosidad, los límites y la autoestima.

Y el fuego es peligroso, así que les enseñamos a respetarlo. Sin embargo, no conozco a nadie que no se haya quemado de alguna manera, ya sea por una sartén caliente, una bengala el 4 de julio o un rizador. Duele y sanamos. Por supuesto, hay quienes se han quemado tanto que las cicatrices nunca desaparecen. Todas estas cosas son ciertas sobre el fuego. Y muchas cosas también son ciertas sobre el sexo.

El sexo puede traer calor, pero también puede ser escalofriante. El sexo puede traer conexión y también alienación. El sexo puede proporcionar información, pero a veces confusión. El sexo puede potenciar pero a veces humillar. Y podemos enseñarles a nuestros hijos que cada una de estas cosas es posible dentro y fuera del matrimonio. En relaciones hétero o *queer*. En los jóvenes y en los viejos. El sexo brilla y parpadea, y se desata, enciende, calienta y quema.

Con el tiempo, Trent dejó de ver al sexo como pecado. Él quería tomarlo por su cuenta. Pero, cuando comenzó a tener citas, le resultó difícil acceder a su naturaleza sensual: no sabía cómo ser sexualmente franco con una mujer, sexualmente expresivo con ella. Mucho después de haber rechazado las enseñanzas de su juventud, Trent sintió como si los sistemas de respuesta erótica y sexual que todos tenemos naturalmente —y que su iglesia lo había alentado a ignorar— se hubieran atrofiado en él. Le preocupaba que el daño que se había causado fuera permanente.

En 1986 yo tenía diecisiete años y, a pesar de los mejores esfuerzos de mi iglesia, tuve relaciones sexuales. Fuera de la chimenea.

Mi novio, Jeff, tenía veinte años, y era sorprendentemente experimentado para alguien de su edad. Amaba a las mujeres. Amaba los cuerpos femeninos y amaba dar y recibir placer. Era un amante gentil, considerado y muy generoso. Soy una de las pocas afortunadas que puede decir que mi introducción al sexo fue increíble y con alguien que amaba. Jeff no era cristiano, pero no se conformó con el consentimiento y la reciprocidad. Mostró preocupación. Unas semanas después de que comenzamos a salir, y antes de tener relaciones sexuales, me llevó a *Planned Parenthood* para que pudiéramos obtener un método anticonceptivo confiable.

El sexo fue *bueno*.

Sin embargo, tuve que mantenerlo en secreto. No se lo podía decir a nadie; no a mis padres ni a otros chicos en la iglesia, y estoy segura de que no podía confiar en mi pastor. Entonces, como la mayoría de los muchachos cristianos que se vuelven sexualmente activos, navegué mi sexualidad sin ninguna sabiduría de mis mayores, porque todos los que eran mayores en mi vida se adhirieron a la idea de que "todo sexo fuera del matrimonio es un pecado". Lo último que quería era que alguien me "dijera la verdad en amor" y que dejara de tener relaciones sexuales. No necesitaba una reprimenda bien intencionada. Lo que necesitaba, como mi feligresa Cecilia, era sabiduría sobre las relaciones sexuales.

El sexo no estaba arruinando toda mi vida como la iglesia había dicho que lo haría. No estaba lastimando a nadie. No me estaba haciendo daño ni a mí ni a Jeff. Pero el mensaje era claro: mi sexualidad y mi espiritualidad no podían habitar el mismo espacio. Entonces comencé a mentir sobre dónde estaba y lo que estaba haciendo, y empecé a pasar menos tiempo en la iglesia.

Era 2012, y yo estaba hablando por teléfono con los organizadores de la Reunión Nacional de Jóvenes de mi denominación, que se celebraría más tarde ese verano en el *Superdome* y en la que sería una conferencista en el escenario principal. Pensé: "Ojalá tuviera una *Magic 8 Ball* —el juguete que te responde cualquier pregunta— que me pudiera ofrecer la respuesta a: '¿Cuántas enfermedades de transmisión sexual y embarazos no planificados han ocurrido en los últimos veinticinco años como resultado de contactos sexuales entre adolescentes en las Reuniones Nacionales de Jóvenes de la ELCA, la Iglesia Evangélica Luterana de Estados Unidos?".

Ten en cuenta esto, la ELCA es una de las denominaciones más progresistas del país. Ordenamos a homosexuales al ministerio y tenemos declaraciones de enseñanza sobre los pecados del encarcelamiento masivo y el calentamiento global. Pienso en nosotros como una iglesia que abraza la realidad. "Entonces, ¿qué tan grandioso sería", dije, "si el Encuentro Nacional de Jóvenes de nuestra denominación tuviera un lugar en el área de recursos donde los adultos esperaran listos para proporcionar información sólida sobre la salud sexual?". Muchos de estos chicos provienen de áreas del país donde la única información disponible para ellos es la abstinencia.[1] Esta podría ser su única oportunidad de obtener la orientación que necesitan. Agregué: "Si ustedes no pueden proporcionar estos recursos a los jóvenes de nuestra iglesia, mi

---

[1] La educación sobre la abstinencia no previene el embarazo adolescente; la educación sobre el uso de anticonceptivos previene el embarazo adolescente. Un estudio mostró que el uso de anticonceptivos mejorados es responsable del 86% de la disminución en la tasa de embarazo adolescente en Estados Unidos entre 1995 y 2002. J. Santelli et al., "Explaining Recent Declines in Adolescent Pregnancy in the United States: The Contribution of Abstinence and Improved Contraceptive Use," *American Journal of Public Health* 97 (2007): 3

propia congregación estaría dispuesta a hacerlo... ya saben, a costa nuestra". Hice una pausa, pero solo había silencio en la otra línea.

Obvio, ¿cierto? La respuesta llegó semanas después.

"Ya hablamos de eso. Es una gran idea, pero los padres no lo tolerarían".

No podía dejar de pensar en eso. ¿Qué, exactamente, no tolerarían los padres? ¿El hecho de que algunos de sus adolescentes eran sexualmente activos, algo con lo que la ELCA no tenía nada que ver? ¿O el hecho de que la iglesia se atreviera a reconocerlo y ayudar así a garantizar la salud y la seguridad de sus hijos? Estadísticamente, es poco probable que las reglas contra la orientación sobre salud sexual hagan algo para evitar que los adolescentes tengan relaciones sexuales. En un estudio publicado en *Journal of Pediatrics,* de junio de 2017, los investigadores encontraron que las tasas de embarazo en adolescentes son entre un 40% y un 50% más altas que el promedio nacional en áreas de Texas donde la ley solo avala la educación para la abstinencia.

Entonces comencé a preguntarme: ¿Qué hay en los padres que se interpone en el camino de abrazar la realidad? ¿Honestamente creemos que Jesús estaba tan conmocionado y consternado por el sexo como parece estar la iglesia? ¿De veras?

Si somos honestos con nosotros mismos, podríamos responder rápidamente por qué los padres y la iglesia a menudo se han obsesionado con los adolescentes y el sexo: miedo.

Sí, el sexo tiene sus peligros.[2] Sería una tontería sugerir

---

[2] La respetada terapeuta sexual Esther Perel dijo en una entrevista con Patty Olwell: "En Estados Unidos, el sexo es el factor de riesgo. En Europa, ser irresponsable es el factor de riesgo. El sexo es natural y parte del desarrollo humano. Esa es la diferencia fundamental del tipo de educación que recibimos. Y creo que EE. UU. puede hacerlo mejor." (Podcast *Therapist Uncensored* , episodio 46", Redefining Infidelity", 38:30). Los adultos estadounidenses que apoyan la educación de solo abstinencia para chicos y adolescentes están siendo irresponsables.

lo contrario. Obviamente, como padres, tenemos miedo de que nuestros hijos hagan una elección temporal con una consecuencia permanente, un momento de placer seguido de una vida de enfermedad o de paternidad prematura. Simplemente, no queremos que nuestros hijos experimenten desamor o se valgan del sexo de la manera en que lo usé en diferentes momentos de mi vida, es decir, como una forma de medicar la soledad o de sentirse dignos. Todos estos son miedos razonables.

Pero, tal vez, yo como madre también le temo al *misterio* del sexo porque sé cómo he sido tragada por el deseo, cómo me he perdido en una conexión con mi amante de una manera aterradora, una forma que no puedo controlar y ni siquiera definir. Sé que cuando veo a mi amante, algo dentro de mí se desenrolla. Lo que ha estado contenido —por convención social y psicología protectora y ropa básica durante la mayor parte de mi vida adulta y la mayor parte de mis horas de vigilia— se acelera desde dentro. Es una locura, parte terciopelo, parte incendio forestal. Una locura que desea consumir y acariciar en partes iguales. El deseo es complicado. Es destrucción e insistencia y riesgo y el maldito conejito de Pascua, todo a la vez. Hace que cada borde se desdibuje como una línea de carbón cuando le pasas el pulgar.

El sexo puede ser procreador, una forma de crear nueva vida. Puede ser íntimo, una forma de expresar el amor entre las parejas. Puede ser revelador, una forma en que nos descubrimos a nosotros mismos y a los demás. Puede ser aburrido, alucinante o lamentable. Puede ser un aspecto hermoso del florecimiento humano, y puede ser un aspecto humillante de su degradación. Puede ser el lugar más seguro al que podemos ir o lo más peligroso que podemos hacer. Puede ser obligación o alegría. Puede ser mortal. Puede ser la vida.

Con todo eso, tal vez tenga sentido que echemos manos

a algunas reglas. Las reglas pueden ser útiles, por supuesto. La sociedad tiene que funcionar, y los humanos pueden ser bastante horribles entre sí. Nos robamos mutuamente y tratamos de ocultarle dinero al gobierno para no tener que pagar nuestra parte. Simplemente no podemos confiar en que todos sean buenos. Es por eso que tenemos leyes, ya sea aprobadas por el gobierno o instituidas a través de normas sociales.

Pero la ley religiosa nunca puede mantenernos tan seguros como creemos que lo hará. Por ejemplo, decirles a los adolescentes —esos seres salvajes, hermosos y locos llenos de hormonas— que deben abstenerse del sexo y nunca pensar en ello rara vez es efectivo. Incluso, cuando funciona, puede haber graves consecuencias. Cuando nuestros adolescentes logran acallar sus propias respuestas y deseos sexuales, pueden quedarse más tarde en sus vidas, como Trent, tratando de conectar cables deshilachados, foráneos a ellos mismos como seres sexuales.

Lo que se logra a través de estos esfuerzos es que los adultos sintamos que estamos haciendo algo. Creemos que los estamos protegiendo. Creemos que los mantenemos a salvo de los daños. Creemos que los estamos manteniendo puros. Y estos son nobles instintos. Pero lo que es más probable que hagamos es proyectar nuestras propias tonterías sobre nuestros hijos: el miedo a nuestros propios deseos, la presión de los compañeros y las normas culturales de nuestra comunidad religiosa. Estamos atrofiando a nuestros hijos al retener las herramientas y la sabiduría que necesitan para un futuro sexual saludable, o los enviamos directamente a sus compañeros o al Internet para que los guíen.

En 1979, mi madre me entregó un libro verde menta, *Wonderfully Made*, cuya portada mostraba la proverbial imagen de cuatro machos cabello oscuro en la parte superior y cuatro hembras rubias en la parte inferior. La secuencia iba desde los más jóvenes hasta los mayores, de los más pequeños hasta los más grandes. En cualquier edad y tamaño, el chico blanco sostiene una pelota de fútbol tipo NFL en su brazo, pero solo la niña más joven en la cubierta está saltando la cuerda. Las hembras mayores caminan con las manos vacías. Un desfile de normas de género que entra en mi vida con un mensaje único del "plan de Dios" para el sexo y el matrimonio. Ella me dijo que le dijera si tenía alguna pregunta. Ese fue el alcance de la "conversación sexual" que recibí de mis padres.

Quise hacerlo mejor cuando tuviera hijos. Sin embargo, cuando llegó mi turno de tener la "conversación sexual" con la mía, tampoco tenía idea de cómo hacerlo. Mira no más, dale un vistazo:

2006: Debo tener "la conversación" con Harper.

2007: Debo tener "la conversación" con Harper.

2008: Debo tener "la conversación" con Harper y Judah.

2009: El padre de los niños y yo les compramos un libro a cada uno, se lo entregamos y les dijimos que nos buscaran si tenían preguntas.

A pesar de toda mi gran charla que sostengo ahora sobre las cosas que podemos enseñar a nuestros hijos sobre el sexo, ese fue el alcance de la "charla sexual" que les di a mis hijos cuando eran jóvenes.

Tal vez tú también dejaste de hacerlo con tus propios hijos, a pesar de que querías hacerlo mejor. Si es así, no estás solo. Tal vez sentiste lo que yo: miedo. Tenía miedo de sentirme incómoda y de incomodar a mis hijos. Miedo de decirles tanto demasiado pronto. Es difícil abrazar la sexualidad de nuestros hijos.

Pero cuando mis hijos eran adolescentes, estaba decidida a hacerlo mejor. Y lo hice, un poco. No fue fácil. Pero tampoco fue imposible.

Cuando Harper estaba en la secundaria, ella y yo íbamos para el supermercado cuando me miró y dijo: "Justin tiene condones, mamá. Solo pensé que deberías saberlo". Esta fue la forma en que mi hija me informó que estaba teniendo relaciones sexuales con su novio.

Intenté no asustarme. Después de todo, ella era mayor que de lo que yo era cuando estaba con Jeff.

"¿Puedo pasar la noche en su casa el viernes?", preguntó. "Su madre está bien con eso, y ella estará en casa y todo".[3] Harper ya había estado pasando demasiado tiempo en su casa y yo confiaba en ella. Pero de repente no pude conectarme con la mujer con visión de futuro y positiva al sexo que quiere que los adolescentes reciban una educación sexual en un evento juvenil.

Me tomó un tiempo responder. Tenía muchos pensamientos para resolver. Pensé en cómo amaba a Justin. Era dulce y peculiar, con su cabello rojo y zapatillas de lona cubiertas con imágenes de dinosaurios y su mochila que parecía el escudo del Capitán América. Era un idiota adorable y un chico muy bueno.

Sin embargo, mi primer pensamiento acerca de que ella se

---

3 Un libro fascinante sobre cómo la mayoría de los estadounidenses se oponen a la idea de que sus adolescentes duerman en la casa de su novio o novia, mientras que los padres holandeses con el mismo nivel educativo y nivel socioeconómico no lo hacen, y por qué, es el de Amy T. Schalet *Not Under My Roof: Parents, Teens and the Culture of Sex* (Chicago: University of Chicago Press, 2011).

quedara a pasar la noche fue... "no".

Pero —pensé— si digo que no, Harper podría desafiarme y hacerlo de todos modos. Tal vez ella haría lo que yo había hecho y seguiría su corazón y no a su madre. Todo porque no podía aceptar la realidad de su vida en desarrollo. Si digo que sí, entonces al menos nos estaríamos comunicando, y sabría realmente dónde estaba esa noche.

Aun así, pensé: *¿Y si la gente descubre que estoy dejando que mi hija de dieciocho años duerma en la casa de su novio? Eso es simplemente basura. También podría comprarle una caja de cigarrillos y media docena de boletos de raspa-y-gana.*

Pero no dije eso. En cambio, miré a Harper y dije: "Adelante. Y gracias por preguntarme".

"Necesitamos leche", fue todo lo que dijo cuando entramos en la tienda. Ella estaba bien.

Yo era un desastre.

Nos disponíamos para regresar a casa después de cargar el auto con lo necesario para la semana, apagué el motor y la miré. Quería más para ella que solo una luz verde de su madre, más que consentimiento. Ella merecía *preocupación*.

"Quiero que te encante el sexo, cariño", le dije tan fervientemente como pude mientras procuraba sonar imparcial. "Quiero que te sientas cómoda en tu cuerpo y que aprendas lo que tu cuerpo desea y cómo comunicarlo a tus amantes. Entonces comienza ese proceso ahora. Conoce tu cuerpo. Habla por lo que quieres o no quieres. Eso te servirá toda tu vida". Cuando dije eso, casi me ahogo pensando en el oso de peluche en nuestra cocina con los *post-it* para los pechos. Quería para Harper ahora lo que entonces quería para ella: que estuviera segura, libre y sin mucha preocupación en su cuerpo.

Respiré, conteniendo las lágrimas. Ella me miró directamente a los ojos. Sin vergüenza ni siquiera un asomo de que la situación fuera embarazosa. Me dio la fuerza para continuar. "Quiero que elijas bien y trates a tus amantes con respeto y preocupación. Y espero que tu fe sea parte de tu sexualidad y viceversa. Además, ¿sabes que con Justin te sientes en la luna? Es la sensación más asombrosa del mundo. Pero quiero que entiendas que si las cosas salen mal o si rompes con él, puede darse también un bajón proporcional. Y se va a sentir horrible. Eso no significa que algo esté mal. Es inevitable y te enseñará cosas importantes sobre ti". Pensé por un segundo. "Una cosa más" dije, finalmente. "Orina después. No quiero que tengas una infección urinaria".

Ella se echó a reír con el ademán visual típico de los adolescentes. "¡Yaaaa seeeeé!" bromeó.

"Te amo cariño. Confío en ti."

Dieciocho meses después, en el verano de 2018, mi hijo, Judah, pasó una semana fuera de casa con otros treinta mil adolescentes en la Reunión Juvenil de la ELCA en Houston. Allí, en la sala de exposiciones de techos altos y luminosos, en medio de la exhibición de la campaña contra el hambre en el mundo *World Hunger Appeal*, el escenario de música acústica, la *Big Wheel* tamaño adultos en la que podían divertirse cual si fueran *hampsters y* los vendedores de pizza, había una pequeña mesa de una pequeña iglesia en Denver atendida por profesionales. educadores sexuales.

Esta vez dijeron que sí.

CREACIÓN III

# ¿QUIÉN TE DIJO QUE ESTABAS DESNUDO?

**NO SABEMOS REALMENTE** si todos los animales podían hablar en esa época o si por alguna razón fue solo la serpiente. Pero ella era una astuta hija de puta. Quería revolver todo el mierdero, así que en una exhibición épica de triangulación, decidió chismosear con Eva sobre Dios.

Eso fue, haz de cuenta, como un episodio de *Serpientes reales en el Condado del Edén*. La serpiente se acercó deslizándose a Eva y le dijo: "Oye, querida, tú sabes que te amo de veras, ¿no es así? La verdad, cariño, es que esa es la única razón por la que te digo esto, pero ¿Dios realmente te dijo que no les permitía comer de ninguno de estos árboles aquí? Es que no me entra en la cabeza. ¿Dios realmente te dijo eso?".

Eva respondió: "Pues... bueno, más o menos, supongo. Quiero decir... es cierto que podemos comer de cualquier árbol; Dios solo dijo que había uno en todo el centro del que no podemos comer, y —¡tan raro!— ni siquiera puedo tocarlo. De lo contrario, moriremos".

La serpiente vio su oportunidad. "¡No me digas! ¡Con que Dios dijo eso! Vaya, vaya. Yo sé que ustedes son amigos, pero, oye chica, no van a morir por completo. Dios dijo eso solo porque sabe que si comes de ese árbol estarás a la par con él, sabiendo el bien y el mal. La verdad es que Dios me hace dar pena, te cuento".

Eva vio que el árbol del conocimiento del bien y del mal era hermoso, y la fruta apetitosa, y la sabiduría que prometía, deseable. Comió la fruta, y solo para que lo tengamos en claro, su exasperantemente pasivo esposo, que no hace ni dice ni mierda, también se la comió. En lugar de vivir en la libertad que Dios les dio para que fueran quienes eran, escucharon una voz que no era la de Dios, creyeron a la serpiente y cambiaron la vida por el conocimiento del bien y del mal.

En el momento en que comieron del fruto del árbol del conocimiento del bien y el mal, sus ojos se abrieron y la libertad de la vida —la libertad de solo estar con Dios como seres creados suyos, permitiéndole a Dios ser Dios y que nosotros seamos aquellos que necesitan a Dios— se evaporó.

Y fue ese el momento exacto en que se introdujo la idea de "desnudez". Antes de eso no existía. Pero ahora los humanos cubrían sus cuerpos por vergüenza. Que es exactamente como funciona la vergüenza: hace que odiemos nuestros cuerpos, oscurece la imagen de Dios dentro de nosotros, nos lleva a escondernos, nos hace temer a Dios, nos hace culpar a los demás.

Al día siguiente, Dios estaba dando vueltas por ahí, por el jardín, y se dio cuenta de que los terrícolas estaban en ninguna parte.

Entonces gritó: "¿Dónde están, chicos?".

Pero se estaban escondiendo.

Antes de que el peso del bien y el mal y la mierda legalista que ha plagado la religión desde siempre entrara en las mentes y corazones de los seres humanos, no había vergüenza, no había lástima de nuestros cuerpos o de lo que esos cuerpos deseaban ni sobre cómo se veían esos cuerpos. No había absolutamente ninguna razón para esconderse de Dios.

Pero en lugar de simplemente estar con Dios como fuimos creados, los humanos decidimos tratar de ser *como* Dios, y esa mierda no se ha detenido hasta el día de hoy. Nos encanta tomar eso que llamamos nuestro conocimiento de lo que es bueno y de lo que es malo, de quién es bueno y quién es malo, para aplicárnoslo a nosotros mismos y a los demás como si fuéramos Dios.

La primera expresión de vergüenza recayó sobre nuestros cuerpos desnudos, sexuales. Desde entonces, los terrícolas hemos tratado de definir y controlar y condenar la sexualidad humana.

La vergüenza tiene un origen, y no es Dios. Cuando Adán y Eva trataron de evitar a Dios, él preguntó: "¿Dónde están?". Y ellos respondieron: "Estábamos desnudos e intentamos escondernos de ti porque teníamos miedo". Entonces Dios replicó: "Un momento. ¿Quién les dijo que estaban desnudos?".

¿Quién les dijo que estaban desnudos? Yo apuesto a que fue la serpiente. Por alguna razón Dios nos permite vivir en un mundo donde existen alternativas a la voz de Dios, y la vergüenza se origina en esas alternativas.

Tal vez tú también te estés escondiendo después de haber escuchado una voz que no es la de Dios. Pero puedes oír a Dios decir: "Un momento, ¿quién te dijo que estabas desnudo? ¿Quién te dijo que tienes que mentir para ser aceptado? ¿Quién dijo que tu cuerpo no es hermoso y digno de ser amado? ¿Quién te dijo que tu expresión sexual es algo de lo que avergonzarse? ¿Quién te dijo eso?".

Apuesto a que fue la serpiente. Maldita mentirosa.

# SIENTO EL OLOR A DULCE Y CARAMELO

[Dios es] un hedonista de corazón. Todos esos ayunos, vigilias, estacas y cruces son solo una fachada. O solo como espuma en la orilla del mar. En el mar, allá en Su mar, hay placer y más placer. No lo oculta; a su diestra hay "delicias para siempre". ¡Ugh!... Eso es vulgar, Orugario. Él tiene una mente burguesa. Él ha llenado el mundo atiborrándolo de placeres. Hay cosas que los humanos pueden hacer todo el día sin que Él se preocupe en lo más mínimo: dormir, lavar, comer, beber, hacer el amor, jugar, rezar, trabajar. Todo tiene que ser retorcido antes de que nos sirva de algo. Luchamos bajo condiciones desventajosas crueles. Nada está naturalmente de nuestro lado.

—Un demonio hablando con otro en C. S. Lewis. The Screwtape Letters[1]

Siempre le tuve un poco de miedo a mi abuela Helen. Ella insistía en ser llamada "Abuela", nunca "abuela" ni "Nana". Era una buena mujer, pero no demasiado cálida.

Hace poco le pregunté a mi hermana mayor si creía que la abuela Helen alguna vez experimentó alegría. "Creo que una cocina limpia la alegra", respondió, y tiendo a estar de acuerdo. Ella fregaba los pisos de su cocina todos los días con sus pequeñas manos artríticas.

Cuando era niña, a veces veía a la abuela arrastrar un taburete hasta el refrigerador de color aguacate y alcanzar con su mano nudosa una caja blanca en la parte superior. Tomaba lo que parecía un caramelo, lo desenvolvía y se lo llevaba a la boca. Recuerdo varias veces que sentí una punzada de estar siendo traicionada porque ella no estaba compartiendo. Pero mi madre me explicó que lo que lucía como caramelo de la abuela no era dulce, era una ayuda para bajar de peso.

Los dulces dietéticos *Ayds* eran unos supresores del apetito que gozaron de popularidad en los años setenta y principios de los ochenta. Salieron del mercado por razones obvias. Si buscas "caramelos dietéticos Ayds" en Google, encontrarás viejos anuncios de televisión con refranes desafortunados como "¿Por

---

[1] C. S. Lewis, *Cartas del diablo a su sobrino*, Madrid: Ed. RIALP, 2015 (se cita del original, nota del traductor).

qué tomar píldoras de dieta cuando puedes disfrutar de Ayds?" y "¡Ayds te ayuda a perder peso de manera segura y efectiva!".

El ingrediente principal en Ayds era la benzocaína, un químico que embota las papilas gustativas (parece caramelo, sabe a Orajel) Para mi abuela y muchas mujeres de su generación, el atractivo del azúcar, el placer de los dulces reales, estaba tan lleno de peligros que comían dulces falsos y luego lo lavaban con una lata de *Fresca* cargada de sacarina.

En retrospectiva, simplemente quiero descartar como excentricidad neurótica el hábito de mi abuela de evitar el placer de la comida real comiéndose un anestésico local, pero me temo que hay mucho más en el asunto. Muy temprano en la vida aprendí que nuestra relación con el placer es complicada.

Hablando teológicamente, nuestro creador nos dotó de la capacidad tanto de desear como de experimentar placer. No tenía que ser así, y, sin embargo, Dios nos dio ese regalo. Considera, si quieres, el humilde clítoris, ese paquete mágico de terminaciones nerviosas cuya única función biológica es proporcionarles placer sexual a las mujeres. A diferencia del pene, que es un multitarea, el clítoris literalmente no tiene otra función que el placer.

Nuestras papilas gustativas explotan de placer al primer bocado de pastel de chocolate, y ese regalo es de Dios. "Él ha llenado el mundo atiborrándolo de placeres", insiste el demonio de *Cartas del diablo a su sobrino*, de C. S. Lewis. Al igual que con el pastel, así es con el sexo.

Sam y yo tomábamos café en *Hooked on Colfax* un día, ya bien avanzada la mañana. Él me contaba acerca de los mensajes que había recibido durante su adolescencia. Todos los miércoles por la noche, el grupo juvenil de Sam se reunía en un gimnasio oscuro disfrazado de concierto de rock: telas decorativas, equipo de sonido profesional y un espectáculo de luces. Un pastor joven, delgado y atractivo, con un pequeño y bien cultivado mechón de vello facial bajo su labio inferior y jeans ajustados transmitía un mensaje sobre los males del sexo, las drogas y el alcohol.

En el Evangelio de Mateo, Jesús dice: "Ustedes han oído que se dijo: 'No cometas adulterio'. Pero yo les digo que cualquiera que mira a una mujer y la codicia ya ha cometido adulterio con ella en el corazón". Ese era un verso favorito de los pastores juveniles de Sam, que lo usaban para advertirles a los chicos que ni siquiera *pensaran* en el sexo. Si desear a una mujer era tan malo como cometer adulterio, mantenían en su lógica, incluso pensar en el sexo es un pecado.

"Lo extraño", me dijo Sam, "era que una violación en una cita romántica, o el acoso sexual, o tratar a las personas sin respeto no era lo que les preocupaba". Eran los "pensamientos impuros" y la "lujuria".

Son dos los problemas que veo aquí: uno, estos eran adolescentes, cuyos cuerpos están diseñados para volverse sexuales; y dos, la palabra griega para lujuria, *epitimia*, se trata de deseo general, no de pensamientos sexuales. Si la *epitimia* era un término para el deseo sexual, haría que otras cosas que Jesús dijo fueran súper raras. (Por ejemplo, Lucas 22:15: "Entonces les dijo: He tenido pensamientos sexuales acerca de comer esta Pascua con ustedes antes de sufrir").

Al igual que Sam, de niña me enseñaron que los Diez Mandamientos —y, en realidad, todas las reglas de la Biblia, más varias que la iglesia simplemente inventaba— están allí porque Dios nos ama y quiere que seamos felices. Pero en el seminario luterano aprendí que los Diez Mandamientos giran más en torno al hecho de que Dios ama a nuestros vecinos y quiere protegerlos de nosotros. Cuando Martin Lutero se llevó el *No matarás* del espacio libre en la mitad de nuestra tarjeta de bingo moral, estaba siguiendo el ejemplo de Jesús. En este texto de Mateo, Jesús dice que *no cometerás adulterio* no es simplemente una cuestión de no coger con alguien que no sea tu cónyuge.[2] Él está diciendo, una vez más, "ama a tu prójimo. Las personas no son objetos. No nos hagamos daño el uno al otro".

Sin embargo, Sam se sentaba en el gimnasio convertido en una sala de conciertos pop de bajo presupuesto a escuchar advertencias contra los pensamientos sexuales y las fantasías. La pornografía, en particular, fue condenada a través de la advertencia "Dios sabe qué sitios *web* visitas en la oscuridad".

"Siempre estaba el indicio de 'Si sigues en tu patrón de pecado (en el que miras pornografía) no eres un verdadero cristiano'", me explicó en medio del ruido de madres que han ingerido altas dosis de cafeína y que ahora tratan de calmar sus críos llenos de azúcar. "Todos estos mensajes funcionaron juntos para convencerme de que mi fe no era real porque yo 'luchaba' con el deseo sexual".

Pero estoy aquí para decirte esto: a menos que tus deseos sexuales se centren en menores o en animales, o tus elecciones sexuales te estén lastimando a ti o a los que amas, esos deseos no son algo con lo que debas 'luchar.' Son algo para escuchar, para tomar decisiones, para explorar, quizás para tener precaución. Pero, ¿luchar con ellos? ¿Contra ellos? ¿Hacerlos enemigos? No.

Al igual que Trent, Sam apagó una parte de sí mismo para

---
2 Para aquellos que estén interesados en aprender realmente sobre las causas de la infidelidad, les sugiero leer Esther Perel, *The State of Affairs: Rethinking Infidelity* (Nueva York: HarperCollins, 2017).

agradar a Dios. Se desconectó de su cuerpo y de sus deseos y le salió el tiro por la culata. Finalmente, le resultó difícil conectarse incluso con sus propios sentimientos, expresarlos y ser escuchado por las personas más cercanas a él. En ausencia de estas conexiones vitales e íntimas, recurrió a la pornografía para adormecer el dolor.

Sam ahora se considera un adicto al porno.

En mi trabajo pastoral, comencé a sospechar que cuanto más expuesto estaba alguien a los mensajes religiosos sobre controlar sus deseos, evitar los pensamientos sexuales y no desear en sus corazones, tanto menor era la posibilidad de que se integrara física, emocional, sexual y espiritualmente. También he notado que cuanto menos integrada es una persona física, emocional, sexual y espiritualmente, tanto mayor es la pornografía que tienden a consumir. Esta es una evidencia anecdótica y no un estudio científico.[3] Sin embargo, quiero felicitar a los cristianos conservadores por su éxito en impulsar una industria que dicen despreciar.

Tal vez algo similar sucedería si repetidamente les dijéramos a los niños lo mismo sobre el chocolate: "El chocolate es muy delicioso, y Dios hizo el chocolate para disfrutarlo, pero es seguro para nuestro consumo solo después de haber encontrado a la persona que Dios tiene para que lo disfrute con nosotros. Hasta entonces, Dios quiere que evites la tentación y controles tu

---

[3] Sin embargo, hay estudios científicos que muestran la importancia en el desarrollo de permitir que los adolescentes naveguen por su sexualidad: "Comenzando con la pubertad, las transiciones del desarrollo en las redes cerebrales involucradas en la motivación, la recompensa y el procesamiento socioemocional probablemente gestan un punto de inflexión único para el amor romántico y la excitación sexual para ser experimentados como recompensas positivas. Un objetivo principal para los adolescentes es aprender a participar y navegar en las relaciones románticas y sexuales. Además, estas primeras relaciones románticas tienen implicaciones importantes para el desarrollo de la identidad, el aprendizaje sobre el comportamiento sexual y las trayectorias futuras de las relaciones. Los padres, los médicos y los educadores pueden proporcionar oportunidades de aprendizaje relevantes en esta área pero, al mismo tiempo, la mayoría del aprendizaje relevante proviene de la experiencia personal". A. B. Suleiman et al., "Becoming a Sexual Being: The 'Elephant in the Room' of Adolescent Brain Development", *Developmental Cognitive Neuroscience* 25 (2017): 209-20.

deseo por la delicia del chocolate. El diablo hará todo lo posible para convencerte de lo delicioso que es, así que asegúrate de no ver películas donde la gente come chocolate. Y atención, chicas: los chicos quieren chocolate más que ustedes, así que no usen camisas que puedan hacer que los niños piensen en el chocolate. El chocolate es peligroso. Delicioso, pero peligroso. Ni siquiera piensen en eso".

Apuesto los ahorros de toda mi vida que, si hiciéramos eso, los niños en todas partes dirían, "¡Dios mío, tengo que comprar algo de chocolate!". Harían perfiles falsos en sus redes y pedirían chocolate en Internet. Verían compulsivamente videos de personas comiendo chocolate de maneras cada vez más inquietantes. Se sentirían insensibles a su hambre de comida genuina. Comerían chocolate barato, como el Palmer, ¿cierto? Eso o se separarían de su capacidad de saber si incluso quieren chocolate, cómo pedirlo o en qué forma les conviene.

No hay nada de malo en el hecho de que nuestros cuerpos están creados para experimentar placer. No hay nada de malo en el hecho de que nuestros cuerpos sean estimulados por historias e imágenes sexuales. Es una respuesta empática. Y así como los humanos han comido dulces desde el principio de los tiempos, también los seres humanos han creado imágenes eróticas desde el momento mismo en que, en el interior de las cavernas, descubrimos cómo rascárnoslas.

Pero lo que era diferente hace una generación era que no teníamos acceso a cosas como *Slurpees* y *Porn Hub*. Tanto los dulces como el sexo disponibles para nosotros las veinticuatro horas del día, los siete días de la semana, tienen una forma exponencialmente más condensada y de más fácil acceso que cualquier cosa que nuestros antepasados pudieran haber imaginado. Y me pregunto si el costo de esto, entre otras cosas, es una pérdida de placer, no una abundancia. ¿Podemos disfrutar del placer del cuerpo de nuestro cónyuge de mediana edad después de consumir dos horas seguidas de pornografía en Internet con imágenes imposiblemente perfectas, sin vellosidades, siempre dispuestas de los actores juveniles? ¿Cómo apreciamos la dulzura de una manzana después de consumir 32 onzas de *Mountain Dew*?[4]

Alain de Botton, el filósofo ateo al que hice referencia anteriormente, ha escrito convincentemente sobre el asunto: "Un cerebro originalmente diseñado para hacer frente a nada más tentador que un vistazo ocasional de una persona de la tribu a través de la sabana, se pierde con lo que ahora se ofrece en la red con tan solo el *clic* de un botón: cuando se enfrenta a ofertas para participar continuamente en escenarios que superan a cualquiera que pueda ser imaginado por la mente enferma del Marqués de Sade. No hay nada lo suficientemente robusto en nuestra composición psicológica para compensar los desarrollos en nuestras capacidades tecnológicas".[5] En la era del jarabe de maíz con alto contenido de fructosa y la pornografía en Internet, a veces me pregunto si hemos perdido la capacidad de comprender el placer tal como fuimos creados para experimentarlo.

Esto es lo que sé de la lista que el gran C. S. Lewis puso en la boca de uno de sus personajes ("dormir, lavar, comer, beber, hacer el amor, jugar, rezar, trabajar"): cada una de estas cosas es moralmente neutral. Cada una de esas actividades puede causar daño si se hace en exceso. Y hasta el último también puede traer alegría. Demasiado sueño y tu vida se desmorona; muy poco y no puedes funcionar. Demasiado lavado y terminas con desajustes

---

[4] Un tema que vale la pena explorar en otro lugar es el aspecto financiero de la pornografía y el azúcar. ¿Quién está haciendo dinero con estas dos cosas y de qué manera somos nosotros, como consumidores, manipulados para consumirlos compulsivamente?

[5] Alain de Botton, "Why Most Men Aren't Man Enough to Handle Web Porn", blog Speakeasy, *Wall Street Journal*, 26 de diciembre de 2012.

obsesivo-compulsivos y piel en carne viva; muy poco y ya hiedes. Demasiada oración y te olvidas de pasar a la acción; muy poca y olvidas que hay un poder mayor que tú. Demasiado hacer el amor y puedes sentir dolor (y los platos se amontonan en el lavadero, y no hay tiempo para anhelar el sexo otra vez); muy poco y... ¿qué?[6]

Entonces, ¿cómo navegamos los seres humanos con nuestra naturaleza dual (siendo simultáneamente pecadores y santos) un mundo lleno de placer cuando tan fácilmente nos caemos de los bordes de cualquiera de los extremos del *continuum* abstinencia-indulgencia? Bueno, quizás deberíamos considerar cuál es nuestra teología del placer. Porque, mi querido amigo, mi querida amiga, no creo que Dios esté monitoreando tu habilidad para alejarte de los placeres de la vida. Ver imágenes sexualmente explícitas no tiene por qué ser dañino, al igual que comer pastel no tiene por qué serlo.[7] Pero hay un daño potencial en ambos, y el daño varía según quiénes somos individualmente: nuestro cableado, nuestras historias, nuestras relaciones.

No sé por qué algunas personas pueden beber media cerveza y dar por terminada la juerga. Veintiséis años de sobriedad y todavía me encuentro mirando el alcohol restante en su vaso, preguntándome cómo pueden ser tan tontos. Yo nunca hubiera dejado una gota. Ha habido muchas veces que he contemplado tomar la cerveza que queda y hacerle algo de justicia.

Pero si bebiera ocho onzas restantes de cerveza, un pequeño interruptor en mí se activaría, y sin importar las consecuencias, sin

---

6 ¿Hay un costo para el poco sexo? Para algunos sí. Pero con advertencias. Algunas personas son verdaderamente asexuales, en el sentido de que no desean el contacto genital y, sin embargo, siguen siendo personas sexualmente encarnadas que experimentan placer y conexión de otras maneras. Además, hay personas que eligen el celibato y de hecho lo consideran un don.

7 Tengo feligreses que me han dicho que ver pornografía realmente los ha ayudado en su proceso de autodescubrimiento. Les permite tener una curiosidad sobre ellos mismos. ¿Por qué algunas imágenes las estimulan y otras no? ¿Y cómo podría ser útil esta información en su relación sexual con su pareja?

importar cuán segura esté de que voy a terminar mal, yo seguiría bebiendo, probablemente hasta quedar desmayada. Tampoco sé por qué puedo comer cuatro papas fritas y parar cuando mi amiga Sophie no puede. Lo mismo con los videojuegos. Y el ejercicio. Y morderme las uñas.

Algunos de nosotros podemos comernos un trozo de tarta de chocolate una vez al mes, disfrutar del placer y luego volver inmediatamente a nuestra dieta equilibrada. Pero si descubres que cuando comes pastel de chocolate se activa un interruptor y de repente no tienes gusto por nada más en la medida en que desees solo pastel, el pastel puede no ser para ti. Aun así, no me sentaré aquí para decirte que nadie debería comer pastel porque el pastel destruye la vida de las personas, al igual que nunca diría que las personas no deberían beber porque el alcohol destruyó mi vida. O que nadie debería ver imágenes eróticas porque Sam ha desarrollado comportamientos destructivos a su alrededor.

Hay problemas que pueden surgir, con toda seguridad, del consumo de pornografía, incluidos los sentimientos de traición y los comportamientos compulsivos de las parejas sexuales que inhiben la actividad sexual saludable[8] (sin mencionar que hay serios problemas de consentimiento, dignidad y justicia en la industria del porno). Hay gente que puede ver pornografía y aun así gozar de una conexión muy real e íntima con su pareja. Para ellos, verlo juntos no disminuye ni atenta contra el respeto en su relación. He escuchado esa historia en mi parroquia. Hay otros que tienen que mantenerse alejados completamente. Para ellos, solo unos pocos momentos de pornografía y no pueden detenerse, sin importar todas las razones que puedan traer a cuento para controlarse, y su compulsión causa inseguridad en su pareja y

---

8 Para conocer otra perspectiva sobre los efectos de la pornografía, ver Pamela Paul, *Pornified: How Pornography Is Transforming Our Lives, Our Relationships, and Our Families* (Nueva York: Times Books, 2005).

problemas de intimidad en su relación. También he escuchado *esa* historia en mi parroquia.

No tengo respuestas aquí. Pero lo que no haré es recoger el fruto de la indignación moral sobre el porno que proviene tanto de liberales como de conservadores. No mientras el consumo de pornografía sea tan omnipresente. Sospecho que un diagrama de Venn de aquellos que expresan disgusto por la pornografía (ya sea por razones de justicia o por razones de moralidad sexual) y aquellos que la ven en secreto evidenciaría una superposición significativa. Expresar una cosa y hacer otra es un lugar temeroso y solitario en el que uno puede estar y, como pastora, no tengo ningún interés en aumentar la vergüenza que tanta gente ya tiene sobre el porno, especialmente aquellos que sienten que deberían "conocer mejor". Creo que podemos aplicar una ética de preocupación aquí al reconocer el daño potencial sin avergonzar por completo el comportamiento.

El punto es que todo llama la *atención*. ¿Algo mejora mi vida y mis relaciones, o las erosiona? ¿Es mi comportamiento compulsivo? Cuando mi pareja o yo experimentamos este placer, ¿está llevando a alguno de los dos más profundamente al momento, a lo sagrado, a nuestros cuerpos?, ¿o nos está separando —cada uno por separado, o a ambos— de estas cosas?

Creo que nuestra capacidad de experimentar el placer en general, sexual y culinario específicamente, es un regalo de Dios, pero también soy consciente de cuán difíciles son estos dones y cuán fácilmente pueden ser retorcidos, como le diría el diablo Escrutopo a su sobrino (torcidos en cosas peligrosas que evitamos —comer "dulces de dieta" empapados en benzocaína y tratar de ni siquiera *pensar* en pensamientos sexuales— o en cosas que adormecen el dolor con las que nos atiborramos a discreción —vergüenza por comernos completamente todo un *cheesecake* o por ver completamente en transmisión directa *Edward Penishand* [Edward manos de pene]—).

Como pastora, me preocupa el odio autoinfligido que describió Sam, y me pregunto cómo podríamos comenzar a honrar el placer sexual como algo que nos puede conectar más profundamente con nosotros mismos, con los demás y con Dios, y aun así decir la verdad sobre las formas en que nuestros comportamientos en torno al sexo también pueden hacer lo contrario. Quizás podríamos comenzar recordando lo que San Pablo escribió en 1 Corintios: que todas las cosas son lícitas pero no todas son beneficiosas.

Para empezar, creo que la iglesia puede ser un lugar que fomenta valientemente una exploración saludable de lo que realmente es lo erótico, en el mejor de los casos. Lo erótico puede ser lo que nos abre, lo que despega nuestra capa protectora. Al igual que los cítricos, hay una parte jugosa y deliciosa de nosotros que, si siempre se expone, puede marchitarse. Eso es lo que lo erótico revela en nosotros. La cáscara está ahí por una razón. No tiene nada de malo. No puedo moverme por el mundo sin proteger las partes de mí que son las más dulces y vulnerables. Pero lo erótico puede ser la forma en que el olor del cuello de un amante expone algo en nosotros, como una miniatura que hace la primera abertura en la cáscara de una mandarina. Lo vascular y lo venial se vuelven uno, y nuestra respiración misma cambia. Lo erótico expone capas complejas de superficie: psique, corazón, cuerpo, deseo, belleza.

Sabemos que Jesús fue acusado de ser un borracho y un glotón, un amigo de prostitutas y recaudadores de impuestos. Su primer milagro fue asegurarse de que el vino fluyera en una fiesta a la que había sido invitado. Ese chico no le tenía miedo al placer. Pero también ayunó durante cuarenta días en el desierto y solía ir a una montaña a rezar solo. Parecía vivir una vida integrada de festejos *y* ayunos.

Cuando observamos el placer, puede parecer obvio en este punto sugerir un equilibrio en todas las cosas. Pero yo misma soy pésima con la moderación. No hago nada un poco. Mi amiga Heather bromea diciendo que solo tengo dos velocidades: avanzar y parar. Entonces no propongo otra forma de equilibrio.

Una vez me senté en la oficina de mi directora espiritual, Jane, y lamenté sentir que todo el equilibrio —donde se supone que podemos hacer y tenerlo todo si solo mantenemos el equilibrio perfecto— es otra forma de espiritualidad pop de mierda que la sociedad hizo para tratar de hacerme sentir mal conmigo misma.

"Tal vez sí", dijo, paciente como siempre. "Quizás 'ritmo' es una palabra mejor". Con la palma de la mano, Jane le dio unas palmaditas a su rodilla con una cadencia suave. "¿Puedes encontrar un ritmo sostenible entre avanzar y parar?".

Es posible que ella esté apuntando hacia algo. Quizás el ritmo, no el equilibrio, es la clave para no caerse de la plataforma *demasiado/muy poco* de placer. Quizás aquí es donde puede entrar la gracia: al permitirnos un poco de tiempo en cada lugar en vez de monitorear continuamente la moderación. Un ritmo de festejos y ayunos, de indulgencia y negación, de Cuaresma y Semana Santa basado en la atención de quiénes somos, cómo estamos conectados, qué podemos y qué no podemos manejar, qué trae daño, qué trae alegría. El tipo de *verdadero* placer que proviene, por ejemplo, de los primeros bocados de algo dulce después de unos días de no haberlo disfrutado o de la emoción de que nuestro amante simplemente se quite la camisa cuando no lo hemos visto desnudo por unos días.

> *Como amantes que buscan el cielo en exceso,*
>
> *el insaciable desesperanzado olvida*
>
> *cómo la pasión agudiza el apetito*
>
> *que la indulgencia grosera adormece.*[9]

Ritmo. Encontrar uno que sea bailable, habitable, sostenible. Un tiempo para el trabajo, un tiempo para el sexo, un tiempo para el servicio, un tiempo para el pastel.

No sé si la abuela Helen se permitió un ritmo de vida en el que el placer pudiera gotear, sin vergüenza, en las síncopas entre los latidos de la familia, el trabajo, la religión y mantener una cocina agradablemente limpia. Eso espero.[10] Pero si no, entonces lo que espero es que en el cielo, Jesús, a quien la abuela Helen amaba con todo su corazón, la esté alimentando personalmente con su pastel de chocolate y que finalmente esté disfrutando el placer de los dulces reales, preferiblemente mientras azota las baldosas y balancea sus caderas al ritmo de Marvin Gaye. Y que no haya un cubo de anestésico local con forma de caramelo en ningún lugar a la vista.

---

9 Samuel Hazo, "The Necessary Brevity of Pleasures", en *A Flight to Elsewhere* (Pittsburgh, PA: Autumn House, 2005).

10 Una cosa sé con certeza: ella pudo haber bregado con el placer de la comida, pero con mi abuelo daban a entender con seguridad que calmaban sus ansias el uno con el otro.

CREACIÓN IV

# PALABRA HECHA CARNE

**EN EL PRINCIPIO** era Cristo, que caminaría la tierra como Jesús de Nazaret, el Verbo hecho carne, nacido de una improbable muchacha y de una manera poco impresionante.

En el principio, la Palabra de Dios se hizo carne y conservó unas relaciones supremamente descorteses. Los típicos camioneros, odiosos gerentes de fondos de inversión, trabajadoras sexuales agobiadas por la ansiedad, profesores de seminario ambiciosos, gente aburrida e irrelevante, gente que realmente amaba su alcohol. En el principio, la Palabra nació y conservó unas relaciones supremamente interesantes y dijo cosas súper confusas que hasta el día de hoy todavía estamos tratando de resolver: "El primero será el último, el último será el primero". "Los que buscan encontrar su vida deben perderla". "Bienaventurados los pobres de espíritu". "Ama a tu enemigo". "Ora por aquellos que te persiguen". Y, de entre todas las cosas, esto: "Tus pecados te son perdonados".

En el principio el Verbo se hizo carne; el Agua Viva que conservó unas relaciones supremamente interesantes y enseñó algunas cosas contraintuitivas y predicó el perdón de los pecados y también curó a los enfermos y resucitó a los muertos y alimentó a los hambrientos. Y eso fue más de lo que pudimos soportar, así que lo traicionamos, lo negamos, lo acusamos, lo azotamos y lo crucificamos. Y esta Palabra de Dios hecha carne siguió hablando solo del perdón.

La Palabra se hizo carne e hizo su hogar en el cuerpo de una mujer humana. La Palabra se hizo carne y lavó los pies humanos, olió perfume lujoso y saboreó vino abundante. Cuando Jesús quiso curar al ciego no usó buenas vibras ni envió energía positiva; usó saliva y tierra. Lágrimas de sal muy reales corrieron por la cara de Jesús mientras olía el hedor de la muerte en Lázaro, al que llamó amigo.

La muerte no pudo contener el amor santo, desafiante y puro de Dios, y al tercer día Cristo derrotó a la muerte y resucitó de la tumba y luego pasó un poco de tiempo asustando a sus amigos y devorando muchos bocadillos antes de ascender de regreso al Padre. La Palabra se hizo carne y habitó entre nosotros, y se nos dio gracia sobre gracia para convertirnos en hijos de Dios. Y al hacerlo, *ustedes*, pueblo querido de Dios, son ahora carne que se convierte en Palabra.

9

# AGITACIÓN TERMINAL

Cuando Michael apareció el domingo en la iglesia con círculos hechos con marcador negro en el dorso de sus manos y en sus brazos, inmediatamente supe por qué: supervivencia. Había aprendido ese truco durante el entrenamiento de atención de emergencias para su trabajo como guardabosques. Si su equipo era llamado a rescatar a un niño herido, se les había dicho que tomaran nota de si había hematomas o marcas de cualquier tipo en el cuerpo del niño. Si tal fuera el caso, Michael y su equipo habían sido entrenados para rodear el hematoma y definir sus bordes, para que más tarde pudieran determinar si estaba creciendo o disminuyendo. ¿El cuerpo se estaba sanando o se estaba enfermando?

Michael no había tenido un accidente en el bosque el fin de semana que lo vi en la iglesia. Él había estado en desintoxicación. Otra vez. Y los círculos habían sido dibujados alrededor de los moretones que su delgado cuerpo de treinta años había sufrido por causa de otra inyección intravenosa, otra intervención médica para la depresión y la dependencia del alcohol. Él quería que los bordes que se iban encogiendo fueran un recordatorio visible de que se estaba curando y que no se estaba enfermando.

Todo lo que nos pasa les pasa a nuestros cuerpos. Cada acto de amor, cada insulto, cada momento de placer, cada interacción con otros seres humanos. Cada cosa odiosa que hemos dicho o que nos han dicho le ha sucedido también a nuestros cuerpos. Cada amabilidad, cada pena. Cada onza de risa. Lo llevamos todo dentro de nuestra piel. Somos encarnaciones de nuestra historia completa.

La escuela primaria de Michael funcionaba en una iglesia, por lo que cada aula también era una sala de escuela dominical. Había versículos bíblicos en la pared junto a las pautas cursivas, y pinturas de un Jesús triste y decepcionado junto a carteles alegres del alfabeto.

En 4.º grado, Michael y todos los demás niños de su clase fueron a una de esas habitaciones para "la charla". Allí, frente al Jesús triste, estaba el entrenador Anderson, quien le entregó a cada niño un pequeño trozo de tiza blanca junto con un permiso emocionante pero también aterrador: podían usar esa tiza para escribir cualquier palabra de maldición que quisieran en la pizarra. Como un *rumspringa*[1] de cinco minutos, escribieron palabras

---
[1] Rito de iniciación de la comunidad amish en la que los adolescentes gozan de una li-

malas y pecaminosas, tímidamente al principio, como si fuera una trampa, y luego con entusiasmo, como si fuera un triunfo.

Luego, cada niño podía levantar la mano y decir una palabra prohibida en voz alta y el entrenador Anderson explicaba qué significaba la palabra y cualquier pecado asociado con ella. Finalmente, hablaron sobre enfermedades de transmisión sexual, principalmente VIH, que el entrenador Anderson llamó la "enfermedad gay".

Después de la escuela, cuando la madre de Michael lo recogió, ella le preguntó qué había aprendido ese día. Michael apartó la pila de envoltorios de comida rápida sin hacer contacto visual. Sabía que no debía decirle que habían aprendido sobre una enfermedad gay. No podía nombrar cuál era su alteridad, pero sabía que era mala y de alguna manera sabía que tenía que ver con su cuerpo. Y sabía que era punible. Esta verdad, si se revelara, alteraría todo a su alrededor, y las piezas del rompecabezas de su realidad no se podrían cambiar para formar otra imagen. Nadie podía saber quién era y en qué se diferenciaba de los otros niños. Trató de enterrar esa cosa, que era verdad.

Michael pronto comenzó a controlar su cuerpo y cómo se movía. ¿Cómo se levantaban los otros niños de sus escritorios? ¿No se balanceaban sus brazos muy libremente al caminar? Aprendió a moverse para que su rareza permaneciera sin ser detectada. Ocultar las marcas de la otredad en su cuerpo era la clave para la supervivencia, y al mismo tiempo era la fuente de sus heridas, que no podían rodearse con marcador negro. Las que cicatrizaban.

---

bertad temporal de la Iglesia y de las reglas para que puedan conocer el mundo moderno (ver la nota del traductor).

Sé algo sobre las cicatrices. Hay algunas en mi cara producto de las cirugías para corregir mis ojos saltones, un síntoma de la enfermedad de Graves. Hay una en mi rodilla derecha, como resultado de la idea equivocada de que conducir mi motocicleta en carreteras heladas cuando había bebido demasiado era "genial". Y hay una en la parte posterior de mi cabeza de cuando me monté en la barandilla y me deslicé hacia atrás por las escaleras. Los comerciales de *Fruity Pebbles* impresionaron mi ego de seis años haciéndome creer que al comer ese cereal mágico yo podría hacer las cosas increíbles que Pedro Picapiedra y Pablo Mármol hacían.

Hasta hace poco, me negaba a usar un traje de baño de dos piezas, porque hace diecinueve años estuve embarazada y ahora todo mi torso está cubierto de estrías. No una o dos, sino una o doscientas. Tener un bebé es algo que sucedió en mi vida, y mi cuerpo lleva la marca. Y debido a esto, durante dos décadas creí que mi cuerpo ya no era digno de nadar en una prenda que viniera en dos piezas.

Había un arroyo a las afueras de la ciudad de Michael, en Texas, que él llamó Paraíso. Allí, solo, se desnudaba para sentir la libertad de estar en su cuerpo de niño sin la mirada de aquellos que lo obligarían a ser "el otro él". Vadearía en las aguas poco profundas de ese arroyo con su superficie de satén fluyendo sobre las rocas de color gris pizarra calentadas por el sol. Dios estaba allí para él en esas aguas, a la sombra de esos árboles, en el calor de ese sol. No el Dios enojado que le enseñaron a temer, sino su propio y verdadero creador amoroso, que lo conducía junto a aguas de reposo, restaurando su alma; el mismo Dios que veinte años después lo llevaría a un trabajo en el que guiaba a los estudiantes en el campo, lejos de la ciudad, la iglesia y la cultura, y hacia el espacio donde Dios no está agobiado por tanta mierda sobre Dios.

Después de la resurrección, Jesús les mostró sus heridas a sus amigos afligidos. Juan 20:20 dice: "Jesús vino y se paró entre sus discípulos y dijo: '¡La paz sea con ustedes!' Luego les mostró sus manos y el costado". No trató de ocultar la marca de la lanza, y no usó guantes para ocultar sus manos heridas. Era desvergonzado, como una mujer de mediana edad con estrías que nada en un traje de dos piezas.

Y de la misma manera en que Jesús no se avergonzó de su cuerpo herido, tampoco tuvo miedo de los cuerpos humanos que encontró en su ministerio. Nunca retrocedió ante la enfermedad y la deformidad. Hemos visto cómo extendió su mano para tocar los cuerpos de los leprosos, los ciegos, los poseídos, los heridos física, espiritual y socialmente. Y sabía que en su resurrección sería conocido por su fragilidad y cicatrices.

¿No es eso cierto también para nosotros? Solo podemos realmente saber y ser conocidos cuando mostramos cómo la vida nos ha marcado. Nunca siento una conexión real con alguien hasta que ha compartido conmigo las partes abultadas, rotas o incluso pequeñas de sí mismo. Nuestro dolor y fracaso, las cosas que a menudo tratamos de ocultar, las cosas que crean vergüenza, las cosas que cicatrizan, son las que nos dan textura. Y sin textura, no hay nada para que otros se conecten.[2]

Como dice Beyoncé: "Muéstrame tus cicatrices y no me iré".

---

[2] "La vergüenza deriva su poder de ser indescriptible", escribe el investigador y experto en vergüenza Brene Brown. "Si podemos compartir nuestra historia con alguien que responde con empatía y comprensión, la vergüenza no puede sobrevivir". *Daring Gratly: How the Courage to Be Vulnerable Transforms the Way We Live, Love, Parent, and Lead* (Nueva York: Gotham Books , 2012), 58, 75.

Sin embargo, muchos de nosotros estamos tentados a tratar de seguir adelante. Las cicatrices están ahí, pero las cubrimos. Creemos que el aniversario de nuestro matrimonio fallido, el del abuso, el de esa vez que fuimos intimidados por ser trans u homosexuales o el del momento en que nos pusimos ese anillo de pureza en nuestro dedo no nos afectará, que no debería afectarnos. Creemos que, ahora que sabemos que esas cosas no nos definen, deberíamos dejarlas completamente atrás. Accionar el interruptor.

Pero eso rara vez funciona. Y si nuestros corazones y cerebros no reconocen ese tipo de verdades, no desaparecen. Se entierran en nuestros cuerpos. Para mí, cualquier verdad que trato de hacer a un lado parece buscar asilo en mi curva lumbar. Ignorarla no la hace desaparecer; solo la convierte en una refugiada. Y el campo de refugiados que se establece en mi espalda baja crece y se vuelve más y más doloroso con el tiempo.

Hay un costo por tratar de negar el dolor, por tratar de negarnos a nosotros mismos el proceso de duelo. Con el tiempo, nuestros cuerpos deben procesarlo y habrá, al final, un acrecentado pago emocional cuya fecha de vencimiento se avecina.

El 28 de septiembre de 2016, me senté en la cama de un hotel Marriott y le envié un mensaje de texto a mi novio Eric. Me puse el edredón sobre las piernas mientras escribía que debería ser dulce conmigo hoy porque era el 20º aniversario de mi matrimonio con un hombre muy agradable y decente del que ahora me había divorciado. No esperaba que me importara mucho el aniversario de un matrimonio del que quería salir, pero cuando Eric respondió: "Eres hermosa, por dentro y por fuera", lloré sin control. Había sido un año de llanto para mí. Había llorado en los trenes, en la iglesia, por teléfono con amigos y sola en habitaciones de hotel. Pero esta vez no pude parar. Olas de tristeza me arrastraron hacia abajo. Mi cuerpo se convulsionó con el dolor de no sentirme amada, de no sentirme digna de amor. Construí una represa tan fuerte como pude para mantener oculta mi tristeza, pero todo el levantamiento de pesas, las publicaciones, la terapia y la iglesia no pudieron detenerla.

Mi feligrés Aram, un capellán de hospicio amable y divertido, me dijo una vez que cuando alguien está muriendo puede experimentar en su cuerpo algo llamado "agitación terminal": nada funciona para calmarlos, ni una cantidad de respiración profunda o morfina. Es angustioso verlo, pero dice que solo piensa en eso como si sus cuerpos estuvieran resolviendo su mierda. Como si todo el trauma no procesado almacenado en sus cuerpos tuviera que brotar antes de que puedan pasar a la muerte. Dijo que es como ese texto de Lucas 8:17: "No hay nada escondido que no llegue a descubrirse, ni nada oculto que no llegue a conocerse públicamente".

Mi cuerpo se convulsionó en esa cama en Marriott con agitación terminal por la muerte de mi vida matrimonial. Estaba trabajando muy bien toda su mierda antes de que pudiera pasar a lo que vendría después. No puedes detener tu cuerpo una vez que está en trabajo de parto. Pariendo, tiene un trabajo que hacer y tú simplemente estás ahí para acompañarlo. De la misma manera, cuando el dolor tiene un trabajo que hacer, terminas empapando un edredón de Marriott con tus lágrimas y tus mocos, y realmente no importa si tienes un evento público en una hora.

Mi cuerpo sabía lo que necesitaba mi alma.

Desearía poder decir que en todos estos años Michael está floreciendo. Pero no todas las historias tienen finales felices. Él lucha. Mucho. De ahí los círculos alrededor de sus hematomas intravenosos. Su estado mental varía entre los extremos. Bebe demasiado. Duerme más de lo que podría hacerlo sentir genial. Pero ya no se esconde. Él no controla cuánto se balancean sus brazos. Está llorando las heridas y mostrando sus cicatrices, y como resultado, busca las cicatrices en los demás.

"Siempre he coleccionado pájaros con alas rotas", me dijo Michael ese día en la iglesia, cuando dibujó círculos alrededor de sus moretones. Me dijo que recientemente se había conectado con un chico que conoció en un bar, y que vio las cicatrices que el hombre tenía en los brazos. Luego, los dos se quedaron despiertos toda la noche contando las historias de cómo se las habían hecho. Para Michael, eso fue sagrado. Para mí también.

Mientras hablaba con mis amigos y mi comunidad espiritual, me di cuenta de que muchos de nosotros necesitamos un espacio donde podamos llorar la sexualidad perdida o retorcida. ¿Tú también necesitas eso? Si es así, te invito a que dejes escapar el trauma no procesado que se almacena en nuestros cuerpos. Quizás con un amigo de confianza. Quizás sola. Quizás en una iglesia. Digamos la verdad sobre esas cicatrices. No porque nos definan, sino porque podemos *definirlas*. Lamentémonos de que no se nos haya enseñado a amar y respetar la dignidad inherente de nuestros propios cuerpos humanos. Lamentemos las décadas que evitamos el sexo cuando podríamos haberlo disfrutado. Hagámosle duelo al dolor. Hagámosle duelo al abuso. Hagámosle duelo a la pérdida. Lamentemos el daño que nos hicieron los mensajes de la iglesia. Hagámosle duelo a nuestros propios pecados y errores.

Nuestras cicatrices son parte de nuestra historia, pero no son su conclusión. El pasado es nuestro y siempre será parte de nosotros; sin embargo, no es todo lo que hay. Pasar de las heridas a las cicatrices, a la pena y luego mostrar esas marcas es un proceso. Lleva tiempo, y tal vez terapia; tal vez ser vulnerable en la comunidad, tal vez seguir los doce pasos, tal vez cometer muchos errores y tal vez experimentar un poco de alegría.

Así que definamos los bordes del daño y la pérdida. Dibujemos un círculo alrededor de ellos con un marcador mágico negro. Entonces podremos ver juntos cómo las contusiones sanan y cicatrizan. Aflijámonos, a veces solos y a veces juntos, y sintamos que nuestra vergüenza se disipa poco a poco. De pie entre nosotros estará Jesús, que dice: "La paz sea contigo", y que nos mostrará sus manos y su costado y dirá: "Muéstrame tus cicatrices y no me iré". Y luego: "Bienvenido a la resurrección", y nos deseará a todos una muy feliz temporada de bikini.

# Y en el Último Día (de terapia reparadora)

*Un poema de Pádraig Ó Tuama*

*Yo*

*tan solo*

*le permití, por*

*última vez, arrancar ideas*

*directamente del aire*

*para que su dios heterosexual fuera feliz.*

*Me está haciendo un nuevo infierno*

*por última vez, pero yo*

*aún no lo sé.*

*De alguna manera,*

*más allá de todo,*

*he aprendido algunas cosas para*

*hacer de hoy un día que me*

*hace a mí: cómo no mirar hacia otro lado;*

*cómo mirar la*

*luz en la cara*

*de las aguas*

*al alba;*

*cómo*

tomar

*un palo en*

*la cueva que me*

*llama para frotarlo*

*en un fuego que me puede calentar;*

*cómo empezar a creer que el*

*loco delante de mí se*

*inventa toda esa mierda;*

*cómo confrontar*

*la necesidad*

*Yo*

*tengo que*

*encontrar algo para*

*decirme a mí mismo, como si yo*

*no fuera suficiente —he creído que nunca seré*

*suficiente— cómo decir bienvenido a la historia*

*que siempre he estado contando;*

*cómo calmar el miedo que*

*dice que me odian;*

*como disminuir*

*el yo*

*que*

*cree cada*

*maldita cosa que él*

*solía maldecirme; cómo*

*cambiar el dolor con amistad;*

*cómo decir la verdad; cómo usar mi*

*vida como una especie de prueba de vida; cómo*

*deshacer el primer nudo con el que algunos tontos*

*ataron a este tonto; como dejar*

*que algún dios diga sana, y*

*día, y fácil, y*

bebé y

respirar

# 10

# TAMBIÉN HAY MAGIA

Ruthie, una educadora sexual profesional, intentaba ayudarnos un poco. "Formen grupos de tres o cuatro", nos indicó, "y describan una experiencia espiritual significativa que hayan tenido. Describan cómo se sintieron. Luego busquen los puntos en que sus historias usan lenguaje o imágenes similares e intenten crear una definición de espiritualidad".

Nos habíamos venido reuniendo cada dos martes en el amplio *mezanín* de la sinagoga histórica que alquilamos para nuestras reuniones de la iglesia para hablar sobre sexo y espiritualidad. Para muchos de nosotros, agrupar las palabras "sexo" y "espiritualidad" era incómodo, casi un oxímoron. Parecía como algo que correspondiera a un espeluznante gurú del sur de California de los años setenta, algún maestro en pantalones de lino atados con cordón hablando de tonterías autogratificantes.

Ruthie se las arregló para hablar sobre el sexo de una manera tan cómoda y práctica que nos alivió a la mayoría de nosotros casi de inmediato. Ella es una tejedora compulsiva, tiene la espalda y los hombros fuertes de una exnadadora competitiva y es casi tan alta como yo. También es la orgullosa dueña de lo que considero el tatuaje más *nerd* de la iglesia —lo que dice mucho— ya que al menos dos personas en *La Casa* tienen tinta relacionada con Flannery O'Connor. En el de Ruthie hay un dibujo de un viejo avión con hélices rodeado por un diagrama de líneas y ecuaciones, que representan todas las fuerzas que actúan en un avión cuando está en vuelo: arranque, peso, empuje y arrastre.

Esa noche, nos habíamos agrupado en tres según las instrucciones de Ruthie: en un grupo, una bibliotecaria jubilada divorciada, un joven maestro soltero y un contador homosexual; en la siguiente, una trabajadora social casada a los veintitantos años, una lesbiana viuda trabajadora en una fábrica y un sesentón heterosexual. Describimos cómo habían sido nuestras experiencias espirituales e informamos al grupo más amplio sobre las similitudes en nuestras respuestas:

Es lo que está más allá de las expectativas.

Lo que trajo libertad de algo (como el miedo o la vergüenza).

Asombro: belleza o incomodidad.

Apoyo, aunque había sido incómodo, algo todavía nos retenía.

Transformación: una aceptación radical de la vida y salir de uno mismo.

Misterio, difícil de expresar con palabras.

Lo que nos lleva a los dos más profundamente en nosotros mismos y nos permite estar fuera de nosotros al mismo tiempo.

Reagan rompió el silencio: "Suena como el tipo de sexo que me gustaría tener". Todos nos reímos en solidaridad mientras nos dábamos cuenta de que todas estas respuestas sobre la buena espiritualidad se parecían mucho al buen sexo. [1] Fue un alivio reírnos todos juntos a sabiendas del sexo, especialmente porque muchas personas en esa habitación luchan con la vergüenza por la sexualidad.

Pero no Sheila, una amiga íntima de nuestra congregación. Ella es descarada. Creció con cinco hermanos mayores y sobreprotectores en una granja familiar. Cuando sus hermanos se dieron cuenta de que su hermanita adolescente era sexualmente activa (ella no se disculpó por eso), trataron de evitarle más problemas amontonándole más oficios al aire libre. Sheila desarrolló un bronceado marrón oscuro que sobrepasa su color oliva natural, y que mantuvo durante la edad adulta al seguir siendo una amante del aire libre.

"Creo que mi piel es hermosa", admite Sheila, sin ningún asomo de modestia. Incluso ahora se gana la vida al aire libre: trabaja como cuidadora del zoológico y se especializa en varias ovejas y bueyes del Medio Oriente. Ella y su compañero, Mike, se conocieron en el trabajo. Aparentemente encuentra tiempo todos

---

[1] En *Redeeming Sex: Naked Conversations About Sexuality and Spirituality* (Downers Grove, IL: InterVarsity Press, 2015), Debra Hirsch describe la sexualidad y la espiritualidad como dos caras inseparables de una misma moneda. Define la espiritualidad como el anhelo de conocer y ser conocido por Dios (en los niveles físico, emocional, psicológico y espiritual), y la sexualidad como el anhelo de conocer y ser conocido por otras personas (en los niveles físico, emocional, psicológico y espiritual). La palabra hebrea *yada* (saber) se usa, de hecho, tanto para las relaciones sexuales como para nuestra relación con Dios.

los días para coquetear con él. Por lo menos, le envía mensajes de texto sexys que le dicen dónde quiere reunirse más tarde y qué quiere hacer con él. Compiten entre sí de una manera dulce y un poco anticuada: ver quién puede escribir mejores versos poéticos sobre la magnificencia del cuerpo del otro usando solo imágenes que ven en el trabajo. Ella recibe muchos textos jocosos al mediodía que comparan sus senos con las gacelas de la guardería del zoológico.

A menudo me he preguntado qué quieren decir exactamente las personas cuando dicen que alguien está "en su cuerpo", pero, aunque todavía no estoy segura de la respuesta, sé que Sheila es un ejemplo. Cuando se mueve, se posee a sí misma, como si tuviera la propiedad y el control de cada hueso y músculo, no solo en razón a lo absolutamente necesario para la deambulación. Es como si fuera consciente de cada centímetro de su cuerpo y se deleitara en que cada uno de ellos le pertenece. Como si ella fuera ciencia y magia. No es vanidad. La vanidad es creer que todos los que te rodean te consideran la más hermosa. Lo que Sheila demuestra es aplomo.

Sheila y Mike parecen no tener la vergüenza sexual que parece afectar a la mayoría de mi congregación. No están casados y, sin embargo, nunca se les ocurrió ocultar que son, de hecho, amantes. Se deleitan mucho el uno con el otro y con ellos mismos, como si la atracción que tienen por el otro se hubiera convertido en un profundo aprecio y confianza en ellos mismos, personal, física y sexualmente. Se pertenecen el uno al otro en cuerpo y alma, y sin embargo, siguen siendo individuos distintos.

Comencé a ver a Sheila y Mike como un estándar de positividad corporal y sexual, es decir, al mismo tiempo profundamente espiritual. Su relación con el sexo, entre sí y para ellos mismos parece integrada y completa, un marcado contraste con muchos de mis feligreses que se criaron en iglesias "bíblicas". Pero, ¿por qué parecen ser excepciones a esta regla? ¿Cómo es que parecen tan libres de la vergüenza de tener un cuerpo sexual?

Bueno, es porque Sheila no es realmente alguien que conozco. Ella es la narradora de un poema erótico muy largo y ardiente que expresa su deseo sexual sin vergüenza, el amor por su propia belleza sin calificación y un anhelo y una apreciación del cuerpo de su amante sin disculpas. ¿Dónde puedo encontrar este poema, te estás preguntando?

Lo adivinaste. La Biblia. La B-I-B-L-I-A. El mismo libro que trae una ética sexual tal como la violación de Tamar y la de "mujeres, estad sujetas a vuestros maridos" y "si una mujer no sangra en su noche de bodas, la apedrearéis", también trae a dos amantes descarados en un poema erótico llamado Cantar de los Cantares. Porque la Biblia, como el sexo y cualquier otra experiencia visceral, nunca es solo una cosa.

Cuando otra niña de mi edad en la iglesia me dijo que había un libro en la Biblia sobre sexo, se sintió como si se admitiera que había un libro en la Biblia sobre cocaína. Un domingo por la tarde, cuando estaba sola en mi habitación, saqué mi Biblia, cuya portada presentaba imágenes de hippies dentro de las letras grandes que anunciaban "BUENAS NUEVAS", y encontré Cantar de los Cantares (erróneamente llamado Cantares de Salomón), ansiosa por obtener algunas respuestas.[2] Pero todo lo que encontré fueron un par de menciones de besos y un chico comparando los senos de una chica a los animales, lo cual era muy raro. No estaba más cerca de decodificar el sexo de lo que estaba antes.

---
[2] El título "Cantares de Salomón" fue agregado mucho más tarde por los editores del libro y no indica la autoría, sino más bien el instinto de dar crédito a un hombre poderoso por un trabajo que probablemente no era suyo. "The Song of Solomon", SparkNotes, http://www.sparknotes.com/lit/oldtestament/section14

Ahora lo sé. Cantar de los Cantares cuenta una historia sobre sexo, pero no es porno. Es erótica. Se trata más del deseo que del coito (perdóname incluso por usar esta palabra). Pero es no *solo* sobre el deseo en general. Se trata principalmente del deseo de una *mujer*, de las mujeres. Como dice Carey Ellen Walsh, es "impactante que un libro bíblico entero esté dedicado al deseo de una mujer... Es verdaderamente subversivo, ofrece una voz disonante del canon, la de una mujer al mando de su propio deseo sexual y disfrutando de ese deseo".[3]

Durante todo el poema, Sheila dice cosas hermosas.

Me gusta esto:

*Cual manzano entre los árboles del bosque*
*es mi amado entre los hombres.*

*Me encanta sentarme a su sombra;*
*dulce a mi paladar es su fruto.*

*Me llevó a la sala del banquete*
*y sobre mí enarboló su bandera de amor.*[4]

Aquí tenemos naturaleza, festejos, sensualidad, sexualidad y deseo... en la Biblia. Pero como el Cantar de los Cantares es un poema principalmente sobre el deseo sexual femenino, no debería sorprendernos que, durante la mayor parte de su historia, en manos del clero masculino de eruditos y teólogos, no fuera visto como tal. Fue leído como alegoría.

Es famosamente conocida la sentencia de un rabino

---
[3] Carey Ellen Walsh, *Exquisite Desire: Religion, the Erotic, and the Song of Songs* (Minneapolis, MN: Fortress Press, 2000).
[4] Cantares 2:3-4

del siglo II —el rabino Akiba—sobre el Cantar de los Cantares: "Todos los escritos (de Israel) son santos, pero el Cantar de los Cantares es el Lugar Santísimo".[5] Él estaba diciendo que el Cantar de los Cantares no era un poema erótico, sino una clave mística para entender el amor de Dios.

"Por los siguientes dos mil años", escribe la poeta y erudita Alicia Ostriker, "el comentario rabínico lo interpretaría como una alegoría del amor entre Dios e Israel". Posteriormente, los cristianos leerían el mismo texto como una alegoría del amor de Cristo por su iglesia. Si es cierto que la iglesia ve el sexo como su competencia, entonces Cantar de los Cantares es como si el rival estableciera su campamento dentro de sus fronteras. Los líderes religiosos han hecho maromas para negarle al Cantar de los Cantares su identidad.

Esto sucedió bastante temprano, comenzando con un chico llamado Orígenes. Orígenes vivió en Alejandría en los años 200 y fue un prolífico escritor, pensador, erudito y predicador cristiano. Según los informes, escribió diez volúmenes sobre Cantar de los Cantares, tanto como Agustín —el tipo que tenía obsesiones tan profundas sobre su pene— pasó su carrera escribiendo volúmenes sobre cómo Adán pudo controlar sus erecciones antes de "la caída".

Orígenes tuvo algunos problemas que arrastró toda la vida (sorpresa, sorpresa). Sus propios deseos sexuales lo torturaban al punto tal que tomó el asunto en sus propias manos, literalmente. Se embanderó en la noción platónica (a menudo repetida en algunos de los escritos de Pablo) de que el espíritu es de un plano más elevado que la carne, que el cuerpo es enemigo del alma. Entonces, en lugar de estar plagado de deseos sexuales pecaminosos, se

---

[5] Alicia Ostriker, "A Holy of Holies: The Song of Songs as Countertext", en *The Song of Songs: A Feminist Companion to the Bible*, 2nd ser., editado por Athalya Brenner y Carole R. Fontaine (Sheffield, Reino Unido: Sheffield Academic Press, 2000), 38. Walsh, *Exquisite Desire*

castró. Eso sí es compromiso.[6]

La autocastración con el propósito de evitar la tentación parece tan extrema, y sin embargo, difiere solo en un grado de la postura de insistir en que las mujeres escondan sus cuerpos para que no tienten a los hombres, de la de decirles a los chicos empapados en hormonas que deben evitar incluso pensar en el sexo, y de la de describir el sexo como pecaminoso, peligroso y tóxico fuera del matrimonio heterosexual. Todo eso huele a la mierda que el pastor de Cindy ladró sobre "trascender nuestros cuerpos pecaminosos".

Pero la mujer ficticia a la que llamo Sheila parece no representar nada esa separación entre la carne y el espíritu. Es por eso que encuentro su poesía tan liberadora. Ella es muy diferente de la mayoría de las personas con las que me encuentro; muy diferente a mí.

Los escritores del Nuevo Testamento vivían en una cultura profundamente helenizada, en la que prevalecía el pensamiento griego, incluida la creencia de que el cuerpo estaba corrompido y que solo el espíritu podía ser santo. Incluso hubo versiones de cristianismo, muy al principio, que se aferraron tan profundamente a esa idea que llegaron a negar que Jesús tuvo un cuerpo. Simplemente *parecía*, dijeron. Y la palabra griega para "parecer" es la raíz de la palabra *docetismo*, que describe una creencia que niega la Encarnación, esa pequeña cosa acerca de quién era Jesús. Pero el pensamiento ortodoxo sostiene que Jesús es Dios hecho carne. Carne. *Flesh*. Finalmente, el docetismo fue declarado herético.[7]

---

6 Marvin H. Pope, *Song of Songs*, Anchor Bible Commentaries (Garden City, NY: Doubleday, 1977), 115.
7 En el primer Concilio de Nicea en el año 325.

¿Por qué, entonces, el poema de amor erótico de Sheila se convirtió en algo que los cristianos creen que fue escrito por el Rey Salomón sobre el amor de Jesús por la iglesia? Marvin Pope lo explica en su libro *Song of Songs*: "Orígenes combinó lo platónico y las actitudes gnósticas hacia la sexualidad para... transformarlo (al Cantar de los Cantares) en un drama espiritual, libre de toda carnalidad".[8] Qué extraño que una religión basada en la fusión de cosas humanas y divinas —una religión basada en que Dios haya optado por, entre todas las cosas, tener un cuerpo humano; una fe cuya práctica central es una comida compartida de pan y vino que nosotros decimos e incluso a veces creemos que es el cuerpo y la sangre de Jesús— haya podido convertirse en una religión que le teme al cuerpo y al placer.

Me indigna que la naturaleza erótica de Cantar de los Cantares haya sido domesticada, forzada a reducirse a una alegoría desdentada y cómo las enseñanzas anti-cuerpo, anti-mujer, anti-sexo de la iglesia que ya hemos discutido me hayan lastimado a mí y a tanta gente a mi cuidado. Es irritante y me hace querer descartar vastas regiones de la enseñanza e historia cristianas.

Pero luego pienso: *espera un momento*. Mientras me enfado con el movimiento interpretativo que los hombres han hecho históricamente con respecto al único libro de la Biblia que posiblemente haya escrito una mujer —y una mujer sexualmente expresiva—, recuerdo cómo Ruthie nos enseñó que el sexo y la espiritualidad están inextricablemente unidos. Los que influyeron en el curso de la interpretación bíblica pueden no haber tenido la intención de enriquecer aún más el texto del Cantar de los Cantares combinando el sexo y el espíritu; sin embargo, aquí estamos, el Lugar Santísimo.

Porque, una vez más, la similitud entre el lenguaje que

---
8 Pope, *Song of Songs*, 115

usamos en ese grupo de discusión para describir experiencias espirituales y el lenguaje que usamos para hablar sobre sexo realmente alucinante —el tipo de experiencia sexual que Sheila encarna, inconsciente, trascendente— fue sorprendente.

Esa noche en la que participamos en el ejercicio de Ruthie, ya sabíamos que la conversación era sobre espiritualidad y sexo, así que me preguntaba si esa podría haber sido la razón por la cual nuestras respuestas se sesgaron en una dirección sexual. Al día siguiente, entré a Twitter y pregunté: "¿Qué palabras o imágenes usarías para describir una experiencia espiritual profunda que hayas tenido?". Aquí hay una pequeña muestra de las respuestas.

Sorprendido y confundido. Por lo tanto, agradecido.

Me colocaron en una burbuja de calidez y una voz tranquila me dijo que todo iba a estar bien. Mi mente cambió sobre Dios entonces.

Calor. Hombros sin apretar. Luego completamente aterrador, desconcertante y vergonzoso tan pronto como salgo de la quietud y trato de entender lo que sucedió. Comodidad, libertad, liberación.

Hogar: ser recibido en un espacio que significa que no necesito hacer nada, pero puedo ser quien soy.

Restaurador.

Sentirse profundamente limpio.

Abrumador, lloroso, alivio de la carga, alegría.

Sin palabras ... solo la sensación de una gran apertura y amplitud interior.

Ahora, un experimento mental. Imagínate que se le pidiera a Sheila —tan en su cuerpo, tan libre de vergüenza— que describiera cómo es tener una experiencia sexual realmente genial. ¿Qué podría haber dicho ella? ¿Habría usado palabras y frases similares a las mencionadas anteriormente? No puedo evitar pensar eso.

De vuelta al *mezanín* de la iglesia, me quedé mirando el tatuaje de Ruthie del viejo avión a motor cuando recordé por qué se lo había hecho. Ella me dijo que lo eligió por su amor por las matemáticas y la física y cómo, mientras esas cosas explican cómo funciona la mayoría de las cosas, no lo explican *todo*.

"¿Cómo es posible que podamos lanzar de forma confiable miles de toneladas de seres humanos y metales por el aire?", dijo. "*Deberíamos* caer para morir en una llama ardiente. Los humanos solo han soñado alguna vez con volar y han escrito mitos al respecto durante milenios. Pero ahora lo hacemos todos los días sin siquiera pensarlo. La presión del aire ni siquiera comienza a explicarlo. Es casi algo mágico. Así que mi tatuaje es mi recordatorio de que debo sentarme y admirar la magia en todo".

Quizás lo mismo podría decirse del ser humano. Hay un episodio clásico de *Viaje a las estrellas* en el que la tripulación encuentra una forma de vida altamente evolucionada que es básicamente conciencia pura. Esta forma de vida, de forma burlona y sin embargo precisa, nos describe acertadamente a los humanos como "bolsas feas de agua, en su mayoría".

Los humanos somos bolsas feas, principalmente de agua. Somos una combinación científicamente comprensible de productos químicos y partículas y —sí— mucha agua.

Pero no puedes entender a los humanos por fórmulas simples, científicas, religiosas o de otro tipo. Porque también hay magia. Podemos determinar las cantidades de oxígeno, carbono, hidrógeno, calcio y fósforo que constituyen un cuerpo humano. Pero cuando dibujamos un diagrama de las fuerzas que actúan sobre estos cuerpos, todavía hay una cosa que nunca podemos resolver: la magia. Espíritu. Alma. El *imago dei*. El aliento de un Dios vivo que nos da la vida. *Yah. Weh.*

Con demasiada frecuencia, el diagrama que la religión dibuja para explicar el sexo toma la perspectiva de la serpiente: solo menciona la física del miedo, la amenaza y el control, pero nada de la magia. Del mismo modo, los medios de comunicación y la publicidad impulsan la mercantilización del sexo a nuestra manera y lo convierte en algo para intercambiar o simplemente en otro aspecto de la vida en el que se nos juzga y se nos condena como empobrecidos. Pero ninguno de estos enfoques es suficiente. Ninguno de los dos apunta a toda la verdad. Porque también hay magia.

Esta magia es lo que Dios puso en nosotros en la creación. Es la chispa de la creatividad divina, el deseo de ser conocido, cuerpo y alma, y de conectarse profundamente con Dios y con otra persona. Esta magia es la parte más jugosa de nosotros y la más perjudicial. Se sopló en nosotros cuando Dios vació sus pulmones para darnos vida, diciendo: "Toma lo que tengo y quién soy". Esta magia es lo que las serpientes buscan ensombrecer con vergüenza. Fue lo que fue santificado para todos los tiempos y para todas las personas cuando Jesús tomó forma humana y se entregó a sí mismo, diciendo: "Toma y come, este es mi cuerpo dado para ti".

## 11

# HOLA, MI NOMBRE ES...

"Debimos haber traído malvaviscos" es quizás mi frase favorita que se ha dicho en la iglesia.

Yo había predicado un sermón sobre el arrepentimiento en el que mencioné que el arrepentimiento (*metanoia,* en griego) significa, en esencia, aterrizar, salir del letargo. Arrepentirse es tener nuevos pensamientos, y lo que hace que el Evangelio sea tan significativo es que nos ofrece una especie de tejido cerebral para rellenar los surcos ya supremamente desgastados en nuestros cerebros, en los que los pensamientos dañinos se canalizan una y otra vez.

Hacia el final del sermón, le pregunté a mi congregación: "¿Qué pensamiento tienes con más frecuencia sobre ti mismo?". Luego, después de que terminé de hablar, se invitó a la gente a escribir las respuestas en notas autoadhesivas *post-it* y que luego los pegaran en la pared.

Mientras me leía los *post-it* durante el Espacio Abierto —el período de diez minutos de oración y reflexión que sigue luego del sermón en *La Casa*— algo se apretó dentro de mí.

No soy suficiente.

Soy un fracaso.

Nunca seré amado por quien soy.

Soy gordo y no merezco ser amado.

Soy mediocre.

Esa es la mierda que la gente lleva consigo. Y está profundamente vinculada a nuestra sexualidad. Sin embargo, muy a menudo, en vez de ser el lugar donde las personas pueden estar libres de esta pesadez, la iglesia elige ser un lugar donde se acrecienta aún más el peso. La declaración de Nashville es una muestra.

No conozco tu historia. Pero quiero preguntarte lo que le pregunté a cada uno de mis feligreses que aceptaron ser entrevistados para este libro. ¿Qué mensajes recibiste sobre el sexo y el cuerpo de parte de la iglesia, tu familia y la cultura que te rodea? ¿Cómo te afectaron esos mensajes? ¿Y cómo has navegado tu vida como adulto?

¿Conociste al amor de tu vida, y él o ella han sido tu único amante, y tanto tú como él o ella están contentos? ¿Te casaste joven y sentiste como si el sexo fuera algo que nunca tuviste la oportunidad de descubrir? ¿Alguien violó esa parte de ti y por lo tanto has formado capas protectoras alrededor de tu sexualidad? ¿Te regaron en el círculo central, solo para tener ahora un niño extraño que fue plantado en las esquinas? ¿Estás profundamente conectado a tu propio cuerpo, sabiendo bien lo que te da placer y comunicándolo sin vergüenza? ¿Quieres un mejor sexo? ¿Más? ¿Menos?

¿Te dijeron que tus deseos son malos? ¿Te dijeron que debes separarte de tu sexualidad para estar bien con Dios? ¿No te dijeron nada?

¿Y qué pensamiento tienes con más frecuencia sobre ti mismo? ¿Qué escribirías en ese *post-it*?

Hay una razón por la cual en algunas partes de la Biblia hebrea el diablo se llama *ha satan*, que se traduce como "el acusador". No importa lo que creas sobre el diablo, si crees que es un ser real, las fuerzas humanas del mal, o simplemente el lado oscuro de nuestros propios seres, todos conocemos la voz del Acusador.

La voz de la vergüenza en nuestras cabezas, ese es el Acusador. La voz acusadora me dice que *soy* lo que he hecho o que lo que *soy* está mal. Es la voz que nos dice mentiras sobre nosotros y otras personas. El Acusador es la voz que me mantiene al tanto continuamente de la distancia actual entre mi yo ideal y mi yo real, entre mi personalidad ideal y mi personalidad real, entre mi peso ideal (como el peso de mi licencia de conducir) y mi peso real. El que repite las cosas dañinas que me dijeron cuando niña.

La voz del Acusador nos hace comer menos de lo que deberíamos o más de lo que deberíamos. Nos hace pasar más horas de lo que es saludable en el trabajo. Nos hace llegar a extremos ridículos para tratar de probar que la voz está equivocada. O para tratar de demostrar que es correcto lo que dice. A veces tratamos de silenciar esa voz con alcohol, sexo, compras, carbohidratos o con éxito. Todo lo cual, nuevamente, es moralmente neutral en sí mismo, pero que puede causar daños cuando los usamos para intentar silenciar o amortiguar el Acusador.

Para ser claros: el Acusador no es la conciencia. Mi conciencia dice: "Fuiste grosero con tu compañero de trabajo. Tal vez sea una buena idea pedir disculpas por ser un malparido". Es necesario que se nos convenza de los pecados que cometemos.[1] Como dice Pablo, todos pecamos y no alcanzamos la gloria de Dios. Esa es la condición humana de la que ninguno se salva.

Cuando hablo del Acusador, de lo que estoy hablando es de los mensajes paralizantes que se repiten en nuestras cabezas. Eso es algo diferente de una conciencia culpable. Es vergüenza.

La vergüenza es como usar nuestros pecados ya perdonados como una etiqueta de nombre espiritual: "Hola, soy un mentiroso". "Hola, soy un ladrón". "Hola, soy un adúltero". "Hola, soy un drogadicto". O como usar una etiqueta psicológica: "Hola, mi nombre es esa cosa horrible que mi padre solía decirme".

El Acusador puede intentar convencernos de la distancia entre nuestro ser ideal y nuestro ser real, pero la verdad es que nadie se ha convertido en su ser ideal. El ser ideal es un objetivo en movimiento. Un espejismo de agua en una carretera del desierto. Mientras más luchamos por alcanzarlo, más sedientos

---

[1] La mejor definición de pecado que he escuchado se encuentra en el libro de Francis Spufford, *Unapologetic: Why, Despite Everything, Christianity Can Still Make Surprising Emotional Sense* (Nueva York: HarperOne, 2013), donde lo define como PHPCT: "la propensión humana para cagar todo".

nos volvemos y, sin embargo, no estamos más cerca del agua real.

No estoy diciendo que Dios te llevará al espejismo. Lo que estoy diciendo es que el ser que Dios ama, el ser con el que Dios está relacionado, es tu ser *real*. Dios no está esperando que te vuelvas más delgado, heterosexual, casado o célibe o más dama o menos loco o más espiritual o menos alcohólico para amarte. Además, argumentaría que, dado que tu yo ideal no existe realmente, se deduciría que el "tú" que todos aman en tu vida también es tu yo real.

En Hechos, Dios viene a Pedro en una visión (mi amigo Michael Fick lo llama "el buffet de las abominaciones"). Pedro tiene una visión de todos los animales que se consideraban inmundos en ese momento. Los animales descendieron del cielo sobre un enorme mantel, tal vez representando todas las cosas que asustaban a Pedro, cosas que le dijeron que lo harían impuro, las cosas de la lista mala. Y Dios dice algo que destruye para siempre el dualismo legalista y borra los límites entre nosotros y ellos: "Lo que considero limpio, no lo llames impuro".

Lo que Dios dice amar, no lo consideres indigno de ese amor.

Lo que Dios ha llamado bueno, no llames otra cosa que bueno.

Lo que Dios ha animado con su aliento y dotado de un alma y la propia imagen de Dios, no lo trates como indigno.

Cuando esa voz acusadora se repite en tu cabeza, debes saber que no es la voz de Dios. La voz de Dios se encuentra en el cálido canto de una madre a su recién nacido, que dice: "eres amado". La voz de Dios nos declara limpias, justificados, perdonados y nuevas. Nos imparte un valor que no tiene nada que ver con nuestros esfuerzos, nuestros logros o con el hecho de convertirnos en un ideal imaginado.

Esta es la utilidad de la comunidad cristiana, según lo veo. Nos ayudamos mutuamente a silenciar al Acusador. Cuidamos los unos las heridas de los otros, mostrarnos nuestras cicatrices, vemos y perdonarnos los defectos del otro, dejamos que unos y otros lloren, hacemos que el uno y el otro se rían y somos absolutamente inflexibles en la gracia para todos. Insistimos en liberarnos de las garras de la voz acusadora y amplificamos la voz de Dios.

Y escuchamos historias de personas que han silenciado la voz acusadora lo suficiente como para escuchar la voz de Dios, el Dios que saca a flote nuestro ser más verdadero, más imperfecto y hermoso.

He visto esto en la vida de muchos de mis feligreses. Como Andie, que es jodidamente hermosa y que ha hecho las paces con su cuerpo que nunca ha sido delgado, y ha silenciado en buena parte la voz acusadora que le dijo que debería o incluso podría ser algo diferente

de lo que ella es. Como Samantha, quien como joven cristiana sintió vergüenza por ser una persona tan sexual, y después de años de oscilar entre la anorexia y sus fuertes acometidas sexuales ha hecho las paces con Dios sobre sus necesidades y deseos y ha descubierto lo que es saludable para ella. Como Reagan, quien disfruta con suma alegría tanto la iglesia como ser *queer*. Como Cindy, que expulsó los demonios de la religión tóxica y regresó a Jesús, quien nunca la lastimó.

Y como Asher. Dulce Asher.[2] Llegó a nosotros hace nueve años como Mary e hizo la transición en *La Casa*. Con el tiempo, él fue al seminario. Predicar en su ceremonia de ordenación fue una de las mejores experiencias de mi vida. La última vez que lo vi, me dijo que haber sido una chica durante veinticuatro años le había ayudado a ser el chico que es hoy.

Si le ofrecieran la oportunidad de volver en el tiempo y nacer hombre, dice que no lo haría, porque Dios buscaba que él fuera trans. Para la gloria de Dios, Asher logró calmar las voces de Del acusador, las de los malos terapeutas y las de la sociedad, y en su lugar vive como el tipo trans, amable, extraño y hermoso que Dios ha hecho que sea.

Los cristianos deben ayudarse unos a otros para silenciar la voz que acusa; para celebrar un arrepentimiento —un sacudón que saque del letargo, tener nuevos pensamientos—, lo que

---

2 Los lectores de *Pastrix* estarán familiarizados con una parte de la historia de Asher.

conduce a posibilidades que nunca antes habíamos considerado. *Amarnos los unos a los otros como Dios nos ama. Amarnos* a nosotros mismos como Dios nos ama. Recordarnos los unos a los otros la verdadera voz de Dios. Y solo hay una forma de hacerlo: siendo nosotros mismos, sin pedir disculpas, con humildad. Sin pretender ser lo que no somos. Siendo genuinos. Reales. Nuestro yo real, no el ideal.

Y, a veces, hacer lo que en *La Casa* decidimos hacer esa noche —en el último minuto— después de que escribimos nuestros pensamientos acusadores sobre nosotros mismos en las notas autoadhesivas: una hoguera. Y no fue tampoco la hoguera segura que arde dentro del matrimonio.

Mientras nos preparábamos para el frío de una noche de diciembre en Colorado, Joshua agarró una bandeja de aluminio de la cocina y salió corriendo con ella. La levantó por encima de su cabeza y la llevó al rellano frente a la iglesia, como si fuera una procesión evangélica. Luego la colocó en el cemento, y tiramos allí todas nuestras notas acusadoras.

Nos quedamos quietos mientras uno de los fumadores del

grupo me pasó su encendedor Bic color naranja y silenciosamente encendí la esquina de un cuadrado de papel azul que decía "No soy suficiente". El fuego pasó a una nota amarilla "Soy gorda y sin valor", y pronto hubo una llama fuerte y alta. Nadie dijo una palabra hasta que Nicci rompió el silencio.

"Maldita sea", dijo. "Debimos haber traído malvaviscos".

# 12

# BENDICIÓN

> El amor es la sed inmortal del corazón de ser completamente conocido y completamente perdonado.
>
> —Henry Van Dyke

La historia de la mujer que interrumpió una cena respetable y ungió los pies de Jesús con aceite y lágrimas y se las secó con su cabello aparece en los cuatro Evangelios, en diferentes formas.[1] En Lucas, Jesús está cenando en el hogar de Simón, un fariseo,

---
[1] Mencioné brevemente esa historia en el capítulo 1, "Sanctus", pero quiero mirarla a continuación un poco más profundamente.

cuando la mujer entra sin invitación. Ella era, como dice Lucas, "de la ciudad" y "una pecadora". Por supuesto, debe decirse que la mayoría de las personas en el mundo son "de la ciudad" y el 100% de las personas en el mundo son pecadoras. Pero no importa.[2]

Ella tenía algunos problemas. Bagaje. Pecado. Y había escuchado que Jesús estaría en la casa de Simón el fariseo, y sabía que en presencia de Jesús los enfermos habían recibido sanidad, los ciegos habían recibido la vista y las masas hambrientas habían recibido pan. Había tanto de lo que necesitaba liberarse, tanto que necesitaba recibir.[3]

Me la imagino tomando una jarra de alabastro con aceite, con el olor más dulce que pudo encontrar, dirigiéndose a la casa de Simón el fariseo, y casi perdiendo los nervios. *Ni siquiera lo conozco. ¡Qué locura!*

Pero algo la empujó hacia adelante. Tal vez fueron las cosas que la ataban, lo que la mantenía en tanto dolor. Y con cada paso en el camino tan trillado, su propia historia se desplegaba dentro de su cuerpo. El peso de las acusaciones hechas en su contra, las cosas que había hecho y las que había dejado de hacer, todo comenzó a aflojarse cuando pensó en ver la cara del profeta que había escuchado hablar en las afueras del templo. Al parecer, el que había estado hablando directamente con ella.

Cuando ella entró a la casa de Simón, el miedo fue reemplazado por lágrimas. Ella lo vio, Aquel en cuya mirada

---

2 Según las Naciones Unidas, el 54% de la población mundial vive en áreas urbanas: http://www.un.org/en/development/desa/news/population/world-urbanization-prospects-2014.html.
3 Al igual que esta mujer sin nombre, la mujer samaritana en el pozo, que se había casado con diferentes hombres en diferentes momentos de su vida, se ha caracterizado como una prostituta a lo largo de la historia. El tratamiento del predicador conservador John Piper es característico. En un sermón, describe a la mujer en el pozo como "una ramera mundana, sensualmente mental y no espiritual de Samaria". Pero ¿no les parece que ese tipo de evaluación detallada de ella dice mucho más sobre el asesor que sobre el asesorado? Y no sé tú, pero si me paso el resto de mi vida sin escuchar otra interpretación más de una historia bíblica que odie a las mujeres, aun así ya habré escuchado demasiadas.

se sintió completa. Se arrodilló y lloró, tal vez por quien pensó que ella sería y nunca fue, quizás lamentando las etiquetas que la religión, la sociedad, la familia y otros le habían dado.

La conversación de la cena se detuvo. Todos la miraron, y por el rabillo del ojo creyó ver a Simón el fariseo murmurando para sí mismo: *No puede ser que este tipo Jesús sea un profeta, porque si lo fuera, sabría qué tipo de mujer es esta.*

Esta parte de la historia siempre me hace pensar en las veces que no me he sentido vista pero sí me han dado un rótulo: pecadora, hereje, perra.

Sin embargo, ella persistió en lo que había venido a hacer. Tomando la tapa del pequeño frasco de piedra, vertió el aceite con olor picante en los pies del maestro, aceite que se salpicó con agua salada. ¿Eran lágrimas de alivio? ¿De lamento? ¿El bálsamo de solo ser vista?

El desorden fue mayor de lo esperado, pero así había sido la mayor parte de su vida. Ella entonces tomó lo único que tenía, su propio cabello, y limpió los pies de Jesús y luego los besó. Besos de libertad.

Jesús volvió la cara hacia ella y dijo: "Simón, *¿ves* a esta mujer?". ¿Ves a esta mujer? ¿Te ves en ella?

Yo también me arrodillé ante Jesús, el que me conoce, y lloré de alivio, arrepentimiento y el bálsamo de ser vista. El Jesús a quien Dios envió para atraernos y salvarnos es el que me mantiene en el cristianismo, a pesar de cientos de razones para empacar y partir. Pero Jesús es una espada de doble filo. Porque por mucho que atesore la comodidad de ser vista por Dios hecho carne, perdonada y liberada de las etiquetas dañinas, también me molesta tener que extender lo mismo a aquellos que no me gustan.

Simón, no muy diferente a mí, ve lo que quiere ver, lo que es fácil de ver: una persona inmunda arrodillada a los pies de Jesús. Pecadora. Pienso en Agustín, en Tertuliano, las mujeres que impartieron las clases de Encanto Cristiano, la iglesia de Cindy, los pastores de jóvenes con sus *jeans* ajustados de Trent y Sam, el hombre que se exhibió ante mí y mis amigas ese verano, el hombre del centro de retiro que acusó a las mujeres de asesinar a sus fetos y en todos los que redactaron la Declaración de Nashville. Si presto suficiente atención, puedo ver a Jesús mirándolos, a los que también atrae y ama, y me dice: "Nadia, ¿ves a este hombre? ¿Ves a esta mujer?".

¿Son complejos, dolorosos, maravillosamente convertidos en hijos de Dios con quienes estoy profundamente en desacuerdo o son solo como quiero verlos (pecadores)? Si el Evangelio es donde encontramos sanidad del daño que nos hacen los mensajes de la iglesia, entonces también debe ser donde encontramos la libertad. Lo que significa que, incluso si es lo último que quiero hacer, tengo que creer absolutamente que el Evangelio es lo suficientemente poderoso, transgresor, lo suficientemente bello como para sanar no solo a los que han sido lastimados, sino también a los que han hecho el daño.

¿Los *vemos*? ¿Vemos las formas en que probablemente intentaban ser fieles? ¿Vemos las formas en que nosotros también podemos, sin querer, en nuestro propio deseo de ser fieles, lastimar a otros?

Odio que esta sea la economía de Dios. Que la salvación de mi enemigo esté atada a la mía. Es por eso que a veces digo que el Evangelio es como la peor noticia que he escuchado en mi vida.

Mi amiga, la escritora Kelly Corrigan, dice que solo contamos una historia sobre nosotros mismos, sobre nuestro pasado o sobre nuestras relaciones porque "somos una especie de narradores poco confiables y desesperados por llegar al cierre". Permitirnos nombrar el daño y enojarnos por el pasado no es un mal lugar en el cual estar; es un lugar terrible para quedarse. Puede ser un paso hacia la curación, pero no puede ser el destino.

A pesar de todos los mensajes dañinos equivocados de mi educación religiosa, todavía aprecio haberme criado en una familia donde las cosas *importaban*. Nuestras vidas tenían una continua inflexión de fe. Yo pertenecí a una comunidad que conectaba los eventos de nuestras vidas con lo divino. Buscábamos en las escrituras antiguas significado y orientación. Cantábamos desde nuestros corazones. Nos llamábamos "hermano" y "hermana". Nos pertenecíamos. Lo aprendí de la iglesia de mi pasado y lo traigo a la iglesia de mi presente.

En la lucha por terminar este libro, llegué temprano a *La Casa* para prepararme para un bautismo. El final me tenía batallando. Lo abordé desde muchos ángulos como si fuera una bestia enorme. Sentía que me acercaba en modo de ataque, segura de que si me armaba con el pensamiento correcto, versos de la Biblia, narraciones o poesía, podría someterlo.

Era el domingo del Bautismo de Nuestro Señor, pero la persona que iba a ser bautizada hoy era un bebé llamado Simon, el hijo de un año de edad de Jeff y Tracy, que se conocieron en nuestra iglesia en 2010.[4]

Mientras mis compañeros instalaban las sillas plegables blancas, incómodas y propias del purgatorio que nos sirven como nuestros "bancos" improvisados, me dispuse a llenar una jarra de

---
4 Escribí un capítulo entero sobre Jeff y Tracy perdonándome por algo *en Santos Accidentales: Encontrando a Dios en as personas equivocadas* (Buenos Aires: JuanUno1 Ediciones, 2019).

vidrio con el agua tibia que luego sería vertida en nuestra pequeña cuenca bautismal, en la que pronto rezaría palabras de bendición: "Noé y los animales sobreviven al diluvio. Agar descubre tu pozo. Los israelitas escapan por el mar y beben de tu roca. Naamán se lava la lepra, la mujer samaritana nunca volverá a tener sed y el eunuco etíope descubrió agua en un desierto".

Vertí esa agua tibia en la jarra de vidrio y, mientras salpicaba mis brazos, pensé: *Suelta el fusil. Deja de rodear a la bestia. Todo ya está aquí*.[5] Un pequeño bautismo para mí.

La gente se empezó a reunir lentamente en el sótano: visitantes de fuera de la ciudad, miembros de la familia de Jeff y Tracy, estudiantes universitarios que regresaban de las vacaciones de Navidad, personas casadas de los suburbios, activistas *queer* de género y un tipo nuevo de unos ochenta años, con niveles tan bajos de audición que tiene que gritarme para escucharse hablar.

Miré a mi alrededor y allí, en las configuraciones redondas de sillas plegables blancas alrededor de la mesa inclinada que hace las veces de nuestro altar, vi a Meghan, Cecilia, Michael, Reagan y Cindy. Estaban todos, esperando que comenzara el servicio, a pesar de las miles de razones que habían coleccionado a lo largo de los años para mantenerse lejos de la iglesia. Entonces me consolé, sabiendo que tal vez este pequeño bebé Simon, cuando crezca, rastree en los mensajes que recibió en *La Casa* el daño que él habrá experimentado, mensajes que quizás yo misma le haya dado, y aun así busque una comunidad de fe que pueda ayudar a sanarlo, gente que pueda reunirse alrededor de su propio altar inclinado y cantar a Dios desde sus corazones.

Este es el cuerpo de Cristo, cada encono, cicatriz y curva.

---

5 Ruthie Kolb, la educadora sexual, dirigió un ejercicio en el que nos pidió que nombráramos los aspectos de fe o adoración que consideramos más significativos y luego pensáramos en cómo esas cosas podrían llevarnos a la sabiduría sobre el sexo y la sexualidad. Las respuestas resultantes me llevaron a este momento de claridad.

Estamos presentes ante Dios y entre nosotros y Dios está presente en estos cuerpos humanos. En todos ellos.

Dios se da a conocer en el milagro de nuestros cuerpos infantiles, tan recientemente llegados de Dios que puedes olerlo en sus cabezas. Dios está presente en la libertad de nuestros cuerpos infantiles tal como estaban antes de que la vergüenza y la timidez entraran en ellos. Dios está presente en la confusión de nuestros cuerpos pubescentes y la emoción de nuestros cuerpos adolescentes cuando se familiarizan con el deseo. Dios está presente en el fuego y en el hielo de nuestros cuerpos de adultos jóvenes mientras se conectan entre sí. Está presente en la maldita magia alucinante de nuestros cuerpos que hacen bebés. También en la sabiduría de nuestros cuerpos envejecidos. Dios está presente en la belleza tan cercana a Dios que puedes olerlo en nuestros cuerpos moribundos.

Encarnación, carne, *flesh*.

Cuando llegó el momento de comenzar la liturgia, le hice una señal a Jamie, el cantor. Se puso de pie en medio de la risa y los saludos y la búsqueda de sillas, y comenzó a cantar con su voz que nos lleva a prestar atención y también a cantar. *E pluribus unum*.

**Acompañamiento**

Cuando terminamos el canto de apertura, me puse de pie y dije: "Bienvenidos al Domingo del Bautismo de Nuestro Señor en *La Casa para Todos los Pecadores y Santos*". Y luego dije las palabras que he dicho casi todos los domingos de mi vida durante los últimos diez años: "Consideramos que la gratitud y la generosidad son prácticas espirituales de nuestra comunidad, por lo que hay un libro de agradecimientos en el que puedes escribir aquello por lo que estás agradecido y una canasta para dejar una ofrenda. Además, tenemos una mesa abierta aquí, lo que significa que, durante la comunión, todos, sin excepción, están invitados a presentarse y recibir pan y vino, que son para nosotros el cuerpo y la sangre de Cristo. Si por tus propios motivos eliges no participar, puedes presentarte con los brazos cruzados para recibir una bendición".

**Gratitud y generosidad; Abundancia**

Mi fe cristiana me dice que las buenas noticias solo son buenas si son para todos, de lo contrario es solo ideología. El florecimiento sexual es para cada tipo de cuerpo, cada tipo de género, cada tipo de deseo sexual, cada tipo de ser humano. También para las personas que eligen el celibato, para los que tienen una sola pareja toda su vida, para aquellos que no se ajustan a las normas de género; para los que están divorciados, solteros, en noviazgo; para los homosexuales, heterosexuales, retorcidos, cultores de la *posición de misionero*. Para los que me han herido y los que yo he herido. Todos están invitados a la mesa abierta, a la plenitud de la gracia, a la plenitud de sus seres eróticos, a sus seres sensuales, a sus seres amorosos.

**Todos, sin excepción**

Después de haberles dado la bienvenida a todos al servicio, Reagan levantó las manos y dijo: "Dios, que es amable y misericordioso, lento para la ira y abundante en amor constante, te ama como eres. Como ministro llamado y ordenado por la iglesia de Cristo y por la autoridad de Dios, te declaro el perdón de todos tus pecados".

Nadie me dice esa mierda en la clase de yoga. Y necesito escucharla (también necesito yoga, pero esa es otra historia). Necesito un lugar para confesar que no lo tengo todo resuelto. La fe cristiana no es un programa para evitar errores; es una fe de los culpables. No hay una forma "correcta" o perfecta de ser. Aprendemos de nuestros errores; extendemos la gracia a los demás y a nosotros mismos. De la misma manera, un amante que ama tu cuerpo te permite tener gracia para él. La gracia es la antítesis del rechazo.

**Perdón**

Durante el último verso de "¿Nos reunimos en el río?",[6] me dirigí a nuestra pila bautismal e indiqué a Jeff y Tracy que se unieran a mí junto con Simon y sus padrinos, Aaron y Beth. Como es nuestra práctica, pronto nos acompañaron todos los niños de la congregación, que se apiñaron a nuestro alrededor para ver bien la acción.

Le eché una mirada rápida al recinto, lleno de tantos tipos diferentes de personas, y pensé en cómo nuestros cuerpos son en parte feas bolsas de agua, magia y polvo —y en parte el aliento de Dios— y cuán profundamente ordinarios somos, aunque profundamente conectados a lo divino.

He oído decir que toda el agua en la tierra hoy es la misma que existía al principio de los tiempos. Si eso es cierto, quiere decir que en el principio Dios creó toda el agua que hay. Lo que se evapora vuelve a las nubes, de las cuales el agua en otra forma vuelve a llover sobre la tierra. Quiere decir que bebemos la misma agua que bebieron los *tricératops*. Y quiere decir que las aguas de nuestro bautismo, ya sea que hayan sido derramadas sobre nuestra cabeza o que nos hayan subsumido cuando fuimos inmersos en ellas; si esas aguas fueron río, grifo, océano, estanque o agua embotellada, son posiblemente las aguas de la creación. Las mismas aguas que Dios sacó a la existencia desde el principio. Nuestro origen divino.

---

6 "Shall We Gather at the River?", himno tradicional escrito por Robert Lowry, 1864 (nota del traductor).

## Conexión

Les pregunté a los padres de Simon, a sus padrinos y a la congregación si caminarían con Simon, si pondrían en sus manos las sagradas escrituras, si lo llevarían a la mesa del Señor y lo guiarían en la fe. Luego nos atrevimos, con todos los que nos precedieron y con todos los que nos seguirán, a confesar nuestra fe. Nos unimos y "renunciamos al diablo y todas sus promesas vacías". Como comunidad, renunciamos a las promesas vacías. Eso me encanta.

Vertí agua de la jarra en el recipiente, la bendije y luego la vertí sobre la cabeza del bebé Simon en el nombre del Padre, el Hijo y el Espíritu Santo.

## Santidad

Y por un instante recordé que, dentro de poco, este bebé hará lo que, con el tiempo, haremos todos los humanos: morir. Y con la muerte volverá a la fuente de su ser, que es lo que los luteranos llamamos "haber completado nuestro viaje bautismal". Y entonces él ya no será agua, sino que habrá vuelto al polvo y al aliento de Dios. *Yah. Weh*

Abracé a los padres de Simon y todos nos sentamos para las lecturas y el sermón. Cindy,[7] que ahora está buscando la ordenación en la Iglesia Unitaria ("Quiero llevarles algo de Jesús", dice ella), estaba predicando ese domingo, así que honestamente no había prestado atención por adelantado a las lecturas del leccionario.

Perdida en mis pensamientos sobre nuestra conexión con ese momento de creación, me quedé sin aliento cuando escuché la primera lectura:

---

7 Diferente a la Cindy que aparece en el capítulo 4.

En el principio, cuando Dios creó los cielos y la tierra, la tierra era un vacío sin forma y la oscuridad cubría la faz de las profundidades, mientras que un viento de Dios barría la faz de las aguas. Entonces Dios dijo: "Sea la luz" y hubo luz. Y Dios vio que la luz era buena; y Dios separó la luz de la oscuridad. Dios llamó a la luz Día, y a la oscuridad Dios llamó Noche. Y fue la tarde y fue la mañana del primer día.

Durante el momento de Espacio Abierto, la gente escribió oraciones, se abrazaron, comieron algunos refrigerios e hicieron la fila para la oración de sanidad y el ungimiento. Luego nos acomodamos en nuestros asientos mientras Meghan leía el poema del día.

### *Bautismo*

*Un poema de Ted Thomas Jr.*

*Viento frío.*

*Ayudo a mi padre*

*en la ducha*

*con su mano buena*

*Él me agarra del brazo buscando apoyo.*

*Adentro se sienta como Buda*

*en un taburete de plástico*

*y me espera*

*para*

*empezar.*

*Lo empapo*

*con agua tibia*

*jabono su cabeza, su espalda,*

*el estómago flácido*

*las partes privadas*

*ya no privadas.*

*No había visto antes a mi padre*

*su desnudez, ni el cambiante*

*contorno de su ser,*

*su creciente impotencia.*

*Su piel morena brilla*

*y pienso en él*

*como un joven en la noche*

*de mi concepción:*

Jadeante, capaz, brillante

con sudor y definición,

las suaves manos de mi madre

agarrando sus hombros.

Lo acaricio, lo seco

me deja vestirlo

en la ropa

blanca de hospital,

engrasar su cabello,

ponerlo en la cama

y perdonarlo.

**Poesía**

No sé exactamente por qué lloré. Quizás porque a veces la Palabra de Dios nos llega especialmente en poesía. Tal vez porque mis propios padres estaban en el lugar, los primeros otros que me han perdonado y a quienes yo he perdonado. Tal vez porque tenía en mi corazón las historias de muchas otras personas sobre familias, cuerpos, desnudez, envejecimiento, concepción, misericordia y perdón, y se mezclaron con las mías.

Finalmente, recordamos entre todos la noche en que Jesús se reunió con sus amigos vacilantes para una comida que sabía a libertad: pan y vino, que para nosotros es el cuerpo y la sangre de Cristo. La Palabra se hizo carne.

En mi vida como pastora, mujer y madre de chicos en edad universitaria, estoy agradecida de que haya tanto en la fe cristiana que pueda guiarme mientras descubro una nueva ética sexual y camino junto a mis feligreses que hacen lo mismo. No es una elección entre considerar si nuestros propios deseos y ego van a mostrar el camino o si dejamos de lado nuestros instintos y experiencias para favorecer los versículos e ideologías de la Biblia. Debemos prestarle atención al daño que nos han hecho y que se nos ha perpetuado. Debemos mostrar preocupación. Permitir que la fe nos guíe. Permitir que nos muestre dónde se revela la verdad de Dios en nuestros cuerpos y en nuestras luchas.

## Desvergüenza

¿Cómo luce el florecimiento sexual? Parece que es:

Encarnación

Gratitud y generosidad

Todos, sin excepción

Acompañamiento

Perdón

Conexión

Santidad

Poesía

Desvergüenza

Estos principios que la fe nos brinda pueden ser nuestra guía. Pueden guiarnos a través de nuestra reforma sexual, redefiniendo la ética sexual rancia y opresiva que la iglesia ha enseñado durante tanto tiempo. Pueden llevarnos a ser buenos administradores de nuestros cuerpos y de los cuerpos de los demás. Pueden proporcionar información sobre lo que les enseñamos a nuestros hijos relacionado con el sexo y sus cuerpos, y lo que nos enseñamos a nosotros mismos sobre el sexo y nuestros cuerpos. Ellos han estado allí todo el tiempo.

Ve en paz, Cristo está contigo.

*Gracias a Dios.*

# AGRADECIMIENTOS

Mi gratitud —el tipo de gratitud que, cuando la siento, me hace olvidar las cosas malas del mundo, el tipo de gratitud que siente que la palabra "gracias" solo puede expresarla parcialmente— se dirige a tanta gente por muchas razones. Esta lista no es de ninguna manera exhaustiva.

Jenny Glick, Eric Byrd, Pádraig Ó Tuama, Kara Root, Melissa Febos, David Zahl, Kevin Maly, Harper Bolz-Weber, Kate Bowler, Sara Miles, Paul Fromberg, Heather Haginduff, Guy Irwin, Sarah Condon, Jerry Herships, Clover y Tim Beal, Esther Perel y, sobre todo, Reagan Humber, fueron mis compañeros de conversación más despiertos que el alba, pero no amasaron hasta la suavidad las ideas realmente deformadas con las que empecé y, a veces, me ofrecieron ideas totalmente nuevas y brillantes que nunca hubiera tenido por mi propia cuenta.

Nicci Hubert, mi editora Niveles Ir-o-morir y No-te-tengo-miedo merece cada gramo de elogio que pueda darle por todas las formas irritantes que en las que insistió que lo hiciera mejor.

David Kopp y Tina Constable, de Convergent: ni siquiera parpadearon cuando dije que este era el libro que quería escribir.

Ruthie Kolb merece una medalla por liderar conversaciones sobre sexo en la iglesia.

Los poetas Ted Thomas Jr. y Pádraig Ó Tuama, que escribieron hermosas piezas y luego me permitieron incluir su trabajo en este libro.

Las oraciones, la amistad y la lealtad de mi súper sexy e inteligente, feroz y fiel, salvaje y sagrado, anillo de seguridad Jodi, Rozella, Jes, Neichelle, Emily, Kerlin, Mihee, Jeff, Austin, Rachel y Winnie, que me mantuvieron en la senda.

*Hooke on Colfax* sigue siendo un espacio extraño y acogedor cuando necesito café y conversaciones.

Ivy Overby y Trixie Merkin, que me prestaron espacio en sus casas para poder escribir.

Y lo más importante, lo más valiente y esperanzador, fue cómo la gente de *La Casa para Todos los Pecadores y Santos* se atreve a creer que algo mejor es posible y me permite escuchar y contar sus historias.

Tú. Todo tú eres magnífico, te amo y ahora prometo hablar sobre otra cosa.

# RECURSOS

Grace Unbound, de Kara Haug, educadora sexual basada en la fe: www.graceunbound.com.

Kindling Communication, para eventos, congregaciones y escuelas, creada por Ruthie Kolb, educadora sexual: www.kindlingcomunicación.com.

Our Whole Lives (un currículum integral de educación sexual para usar en iglesias): www.ucc.org/justice_sexuality-education_our-whole-lives.

*See Me Naked: Stories of Sexual Exile in American Christianity*, por Amy Johnson Frykholm (Boston: Beacon Press, 2011).

*The Song of Songs: A Feminist Companion to the Bible*, 2nd ser., Editado por Athalya Brenner y Carole R. Fontaine (Sheffield, Reino Unido: Sheffield Academic Press, 2000).

*Unprotected Texts: The Bible's Surprising Contradictions About Sex and Desire*, por Jennifer Wright Knust (Nueva York: HarperOne, 2011).

# SOBRE LA AUTORA

NADIA BOLZ-WEBER llegó por primera vez a la lista del *New York Times* con su autobiografía publicada en 2013 —la apasionadamente honesta e inspiradora *Pastrix*— a la que siguió con el aclamado éxito de ventas del *New York Times*, *Santos Accidentales* (publicado originalmente en 2015). Excomediante y alcohólica en recuperación, Bolz-Weber es la fundadora y ex pastora de una congregación luterana en Denver, *House for All Sinners and Saints* (en este libro, *La Casa*). Es oradora en universidades y conferencias en todo el mundo.

# Santos Accidentales

Encontrando a Dios en las Personas Equivocadas

de *Nadia Bolz-Weber. 2019, JUANUNO1 Ediciones.*

Hardcover ISBN 978-1-951539-06-1 | Paperback ISBN 978-1-951539-07-8 | Ebook ISBN 978-1-951539-08-5

En *Santos Accidentales*, Nadia Bolz-Weber, una escritora que ha sido seleccionada entre los *bestsellers* por New York Times, invita a sus lectores a un encuentro sorprendente con lo que ella llama "una vida religiosa pero no tan espiritual." Cubierta de tatuajes, indignada y profana, esta ex comediante proveniente del mundo de la *stand up comedy* y tercamente convertida en pastora, a veces con un gran sentido del humor se resiste al Dios al que fue llamada a servir. Pero Dios se las ingenia para aparecérsele en la gente menos pensada: un agnóstico a quien la iglesia le atrae, una *drag queen*, un obispo criminal, un miembro de la NRA (asociación estadounidense que defiende el derecho a portar armas) que anda luciendo su arma a la vista de todos.

La vida y la adoración comunitarias con estos "santos accidentales" empujan a Nadia a encuentros de primera mano con la gracia –un don que para ella no se asemeja tanto a que una manta cálida la cobije, sino a que un objeto contundente la golpee. Pero es mediante esa gracia que la gente experimenta una transformación que no podría ocurrir de otra manera.

En tiempos en los que muchos, con toda razón, se han desilusionado del cristianismo, *Santos Accidentales* demuestra lo que sucede cuando la gente común y corriente comparte el pan y el vino, lucha con las Escrituras en comunidad y comparte mutuamente la verdad de sus vidas concretas. Este relato inolvidable de sus pasos en falso hacia una vida integral les comunica, a creyentes y escépticos, un hálito de veracidad.

Narrado en el estilo confesional por el que Nadia es conocida, *Santos Accidentales* es el nuevo trabajo fascinante de una las voces religiosas más importantes hoy en día.